WIE MAN UNVERSCHÄMT REICH & BERÜHMT WIRD

Christian W. Mucha
Robert Sommer

EIN SATIRISCHER RATGEBER

echomedia
BUCHVERLAG

Impressum:
ISBN: 978-3-903989-12-2

echo medienhaus ges.m.b.h.
Produktion: Ilse Helmreich
Layout: Elisabeth Waidhofer
Lektorat Robert Sommer: Nora Paul
Lektorat Christian W. Mucha: Martin Krake
Illustration Cover: Christian Berger
Bilder Cover: www.shutterstock.com
Herstellungsort: Wien

Mit Dank an Karin Sommer-Amon fürs Gegenlesen

Besuchen Sie uns im Internet:
www.echomedia-buch.at

Inhalt

Ich bin der Gute!

Vorwort von Christian W. Mucha

Was braucht es, um ein gutes Buch zu verfassen?

Nun, wenn man davon ausgeht, dass es vorrangiges Interesse von jedem Autor ist, dass das, was er schreibt, auch wahrhaftig gelesen wird, dann bedarf es sohin für einen Erfolg zuallererst seiner Fähigkeit, die Aufmerksamkeit des Lesers zu wecken.

In der Literatur finden sich tausende Beispiele für wunderbare Einstiege, mit denen man schon in den ersten Zeilen den Leser „abholen" kann.

Nehmen wir nur etwa Ambrose Bierce: Wer da zu lesen beginnt und über die (sinngemäßen) Zeilen stolpert „Im zarten Alter von 15 Jahren beschloss ich, eine außergewöhnliche Handlung zu setzen. Also erschlug ich meinen Vater...", der versteht: Nach so einem Anfang hat er seine Leser. Sofort.

Eingedenk dieses – in jahrzehntelanger verlegerischer Arbeit erworbenen – Wissens hatte ich nie irgendeine Scheu davor, meine Leser, Zuhörer, Social-Media-Freunde mit „Effet" zu überraschen. Was nicht immer gut ging. Wie die folgende Begebenheit zeigt:

Da mir Nachwuchs-Arbeit immer sehr am Herzen lag, stellte ich mich gerne für Vorträge am Publizistik-Institut zur Verfügung. Nach einigen Jahren hatte sich herumgesprochen, dass es da einen Verleger gibt, der in seinen Vorträgen kein Blatt vor den Mund nimmt. Und völlig frei von der Leber weg spricht. Das Auditorium war rammelvoll. Viele Studenten saßen auf den Stufen. Jetzt galt es, die dazu zu bringen, mir auch zuzuhören. Die nächsten eineinhalb Stunden. Ganz schön lang ...

Also begann ich meinen Vortrag mit folgenden Worten: „Ich werde Ihnen jetzt vier Informationen über mich geben. Eine davon ist falsch. Finden Sie heraus, welche. Ich bin 56 Jahre alt. Ich bin 1,76 Meter groß. Ich bin völlig angstfrei. Ich bin impotent." Plötzlich war es mucksmäuschenstill im Hörsaal. Eine Stecknadel hätte man fallen hören können. Ich hatte die. In das Schweigen hinein erhob sich – zirka in der 10. Reihe – eine wunderschöne, blonde Studentin mit langen Haaren und sonderte jenen Satz ab, mit dem ich niemals gerechnet hätte: „Sie sind nicht impotent ..."

Jetzt hatte sie die Aufmerksamkeit. Und alle Lacher.

Bis zum heutigen Tag glaubt mir keiner, dass das nicht abgesprochen war. Dass ich die junge Dame zuvor noch niemals gesehen oder gesprochen hatte. Es wurde ein höchst vergnügliches Proseminar.

Übrigens: Meine Frau Ekaterina verzeiht mir den schlüpfrigen Einstieg. Weil er sich lange, bevor ich sie traf, ereignete.

Sind Sie auch schon einmal in einen derartigen Fettnapf getreten?

Nun, im Gegensatz zu vielen Zeitgenossen löst das in mir keine Panik aus. Wer deftig formuliert, der muss auch mit schmerzhaften Retourkutschen rechnen. Da muss man dann auch einstecken können. Ich habe demzufolge vorsätzlich das Chassis meines Schamgefühls um etliche Zentimeter höher gelegt als das des durchschnittlichen Mitbürgers. Ich halte das kraft meines Selbstbewusstseins und meiner Persönlichkeit definitiv aus. Und weil ich so viel Spaß an Überraschungseffekten habe, hat mich die nachfolgende Szene bewegt. Und verändert. Und den Teufel in mir geweckt, das – auf meine ganz persönliche Art und Weise – ähnlich anzulegen:

Es begab sich, dass ich einen Auftritt des berühmten amerikanischen Pianisten und Entertainment-Genies Valentino Liberace, vulgo Wladziu, verfolgen durfte. Er stand in seinem weißen Anzug, der über und über mit glitzernden Steinen besetzt war, vor seinem gläsernen Flügel und grinste in Richtung Publikum.

„Liebe Gäste, liebe Zuschauer, hochverehrtes Publikum hier in der Carnegie Hall", hob er an, „ich darf Ihnen zeigen, was ich gestern erstanden habe." Und er streckte seine linke Hand in die Höhe und deutete auf einen gewaltigen Klunker. „Das", so meinte er, „ist ein lupenreiner Diamant. Mit 4,9 Karat. Er hat 167.000 Dollar gekostet. Und ich kann mir diese Kostbarkeit deshalb leisten, weil bei jedem normalen Konzert die Zuseher 19,90 Dollar bezahlen, um teilnehmen zu dürfen. Sie haben 98 Dollar bezahlt. Waren also ‚großzügig' genug, das Fünffache hinzublättern. Danke für diesen Diamanten."

Und es geschah das Unglaubliche: Die Leute stiegen auf ihre Sessel, johlten, jubelten und erfreuten sich an dieser unvorstellbaren Chuzpe. Und – sie hörten ihm zu.

Irgendwie hat mir das gut gefallen. Wozu sollte ich also – wie all die anderen, die als meine Mitbewerber unterwegs waren –, wenn es um Aufträge geht, jammern, betteln, auf den Knien rutschen und um Almosen flehen?

Daher beschloss ich, die gegenteilige Handlung zu setzen: Ich fuhr in einem Rolls Royce vor. Der Geschäftsführer des Autohauses (er war danach jahrelang Stiftungsvorstand meines Unternehmens, bis er als Präsident eines Automobilkonzerns in Pension ging) fiel förmlich in Ohnmacht. Er durfte eine Runde mit dem Royce fahren. Danach verkaufte ich ihm Werbung um 10.000 Euro. So einen Typen wie mich hatte der noch nie gesehen.

Womit wir schon mitten im Thema, „Wie man unverschämt reich und berühmt wird" wären ...

Da ich bereits mehrmals angekündigt hatte, Bücher zu verfassen, und in Wahrheit viel zu wenig Zeit dafür habe, dachte ich mir, es wäre eine Vereinfachung dieser Übung, sich die Arbeit mit jemandem zu teilen.

Und da gibt es diesen Robert Sommer.

Bedauerlicherweise leide ich unter einer – weitverbreiteten – Krankheit, die allgemein unter der Bezeichnung „Ich merke mir keine Namen" grassiert. Doch bei Sommer wusste ich: Der Mann kann schreiben. Und er hat jahrelang für mich gearbeitet. Dann erinnerte ich mich noch dunkel, dass er schon mehrere Bestseller verfasst hatte. Nachdem er bei mir ausgestiegen war.

Also beschloss ich, den Typen anzurufen. Wobei seine Zunft und die meinige natürliche Feinde sind. Wenn Sie sich's mit einem Verleger in einem Satz verscherzen wollen, dann sprechen Sie ihn mit „Herr Redakteur" an.

Erstens bin ich kein Redakteur. Zweitens als Verleger bestenfalls Chefredakteur. Und drittens muss ich dabei stets an die Geschichte über einen französischen Bankier denken, der äußerst ungern als „Herr Generaldirektor" angesprochen wurde. Er pflegte dann zu kontern: „Ich bin kein Generaldirektor. Ich beschäftige Generaldirektoren." Wiewohl mir jede Form von Arroganz fremd ist, halte ich es auch so. Ich bin kein Journalist. Das sind keine Kollegen. Ich beschäftige Journalisten.

Aber der Sommer mochte ein netter Typ sein. Und irgendwann einmal hatte ich ihn – kurzsichtig in der letzten Reihe nur schemenhaft wahrnehmend – bei einer seiner Lesungen besucht, wo mir seine Texte durchaus positiv aufgefallen waren. Den Stil hatte er seit seiner Tätigkeit für mich wohl deutlich verbessert ...

Also rief ich ihn an. Ich hatte bereits den Titel des Buches ausgeheckt sowie eine Presseaussendung vorbereitet: Solchen Leuten darf man keinesfalls das Handeln überlassen.

„Wir sollten ein Buch miteinander machen", meinte ich. Sommer reagierte nicht ganz so euphorisch, wie ich das erwartet hatte. Er sollte jetzt eigentlich vor Freude jubeln. Siebzehn Purzelbäume schlagen. Und mich bei der Begrüßung in meinem Verlag mit einem Kuss meines Siegelringes devotieren.

Sommer reagierte einigermaßen cool. „Wir haben doch seinerzeit zusammengearbeitet", begann ich unser Gespräch. „Nein, Herr Mucha", widersprach er. „Ich war bei der Kronen Zeitung." Da schoss es mir reflexartig durchs Hirn: Natürlich hatte ein Sommer für uns gearbeitet. Dr. J. Sommer. Der Sommer, der da vor mir saß, heißt Rooobert.

„Natürlich, natürlich", konterte ich. „Ich habe bereits eine Aussendung vorbereitet." Ich würde mir nichts anmerken lassen. Der „falsche" Sommer sollte niemals draufkommen, dass ich eigentlich einen ganz anderen im Auge gehabt hatte.

Als er mir dann erzählte, dass wir ihn in unserer „Rangliste der Journalisten" gleich dreimal hintereinander zum Top-Sport-Schreiber gekürt hatten, war ich einigermaßen versöhnt. Vielleicht ließ sich die Sache doch noch ohne einen Kollateralschaden zurechtbiegen.

Da man Sommer-Journalisten mit einigen feinen Happen am besten „über den Tisch ziehen" kann, verfehlten die vorbestellten Sushi ihre Wirkung nicht. Wir trafen eine Übereinkunft. Er drei Kapitel. Ich drei Kapitel. Die Namensnennung in alphabetischer Reihenfolge. So brauchte ich nicht den großen Verleger herauskehren. M kommt vor S.

Und – den Cartoon auf dem Titel beauftrage ich. Und nehme den finalen Entwurf ab. Auf solche Details gilt es, peinlich genau zu achten. Die Kontrolle zu behalten.

Außerdem schreibe ich das erste Vorwort. Er das zweite. Ich das erste Kapitel. Ihm lasse ich das letzte Wort. Kein Problem. Da sind meine Kapitel vorbei. Und die letzten Leser haben sowieso schon das sinkende Schiff verlassen!

Das, was R. S. in diesem Band bringt, ist pure Satire. Davon hat man eigentlich nicht wirklich etwas. Wenn du einmal von den paar Lachern absiehst. Bei mir hingegen handelt es sich um handfeste Tipps, wie man wahrhaftig reich und berühmt wird. Und wie viel Unverschämtheit es dazu braucht.

Den Beistrich im Titel zwischen den Wörtern „unverschämt" und „reich" habe ich ihm übrigens geschenkt. Deswegen ist eines klar: Ich bin der Gute.

Nein, der Gute bin ich!

Vorwort von Robert Sommer

Christian W. Mucha ist Verleger, ich bin lange Zeit Journalist gewesen – wir sind also so etwas wie natürliche Feinde: Die Vertreter seiner Zunft empfinden nämlich das widerliche Begehren von meinesgleichen, für ihr Hobby auch noch Honorare oder gar regelmäßigen Lohn zu beziehen, als echte Zumutung. Gerechterweise müssten wir es eigentlich sein, die für die Gnade der Veröffentlichung unserer bescheidenen Schreibergüsse in den hochangesehenen Zeitungen oder glänzenden Magazinen ihren Zehent leisten.

Der Stand, dem ich über drei Jahrzehnte angehört hatte, ist diesen Gutsherren ein besonders stechender Dorn im Auge: Einerseits Sportreporter. Das ist für sie kein Beruf, sondern ein Spaßfaktor. Wer etwa einen ganzen Monat bei Sommerspielen am Ende der Welt verbringt, ist demnach nur ein überbezahlter Fremdenführer, der in seiner üppigen Freizeit ein paar Events besucht, um einige Zeilen von österreichischen Niederlagen in die Heimat durchzugeben. Ein Steckenpferd, mehr nicht – selbst wenn heimische Reiter einmal überraschenderweise olympische Medaillen gewinnen sollten. Die Spesen sind weder das Gold noch das Geld dafür wert.

Andererseits war ich aber nicht nur viele Jahre Sportchef der größten Zeitung des Landes gewesen, sondern hatte auch noch eine weltweit einzigartige Kolumne namens „Im Sport dabei" erfunden und diese Spalten fast eineinhalb Jahrzehnte mit exklusivem Klatsch über Fußballhelden, Skistars und andere Promis gefüllt. Society-Reporter im Allgemeinen sind den Verlegern ebenfalls verdächtig: Wer vom regelmäßigen Saufen, Tanzen und Lachen bei rauschenden Partys lebt, kann doch kein anständiger Mensch sein!

Von einem Robert Sommer müsste sich demnach ein Christian W. Mucha gleich doppelt abgestoßen fühlen. Trotzdem hatte der Mächtige hinter seinem Schreibtisch nicht verhindert, dass ich von den Lesern und Experten seiner Zeitschrift „ExtraDienst" dreimal hintereinander zum Sportjournalisten des Jahres gewählt worden war. Und trotzdem war es auch der Boss von Gottes Gnaden, der mich nach meiner journalistischen Karriere, also mitten im zweiten Leben als glücklicher Schriftsteller, allen Ernstes gefragt hat: „Sommer, machen wir ein Buch miteinander?" Das ist, als würde man von einem Kanonenschuss aus einem wunderschönen Palmentraum gerissen werden. Nichts Angenehmes also.

Mein erster Reflex war natürlich ablehnend: Ich lege mich doch nicht mit einem Feind ins Bett! Außerdem eilt ja Mucha nicht gerade der Ruf einer angeborenen Kompromissfähigkeit voraus. Und um meine negative Einstellung noch weiter zu verstärken, hielt mir der Unnachgiebige bei einem Treffen in seinem Büro gleich eine gemeinsame Presseerklärung vors verdutzte Antlitz – man könne diese bereits in wenigen Minuten an sämtliche Medien versenden. Das war's dann, dachte ich, auf Wiedersehen!

Allerdings hatte eine seiner Assistentinnen zuvor ordentlich viel Sushi bestellt, und es herrschte der harte Corona-Lockdown. Die Restaurants waren geschlossen, und ich blieb, um mich endlich wieder einmal außerhalb meiner vier Wände satt essen zu können.

So kam es, dass ich beim Warten auf die Speisen aus purer Langeweile seine geplante Aussendung etwas genauer zu lesen begann. „Wenn sich eine Verlegerlegende und ein Bestsellerautor zusammentun, dann kann das nur in einer Katastrophe enden", stand da. „Nach kurzen Verhandlungen um Kompetenzen und Honorare, die nach drei Jahren und sieben Monaten erfolgreich abgeschlossen sind, wollen sie das Buch gemeinsam schreiben." Dann legte mir seine Herrlichkeit einige Zitate in den Mund: „Sommer: ‚Natürlich hätte ich dieses Werk auch alleine verfassen können. Aber nachdem Mucha gut vernetzt ist und selbst viele Medien hat, erspare ich mir die Werbung, wenn ich ihn auch an Bord nehme. Da ich 90 Prozent des Textes verfassen werde, erhalte ich – natürlich verhandlungsbedingt – 84 Prozent aller Einnahmen.'"

Die selbst verfasste Replik darauf lautete: „Mucha: ‚Sommer hat als Bestsellerautor viele Leser. Jene, die so verrückt waren, bis dato eines seiner Bücher zu kaufen, werden mit hoher Wahrscheinlichkeit auch dieses Buch erwerben. Das macht die Sache wirtschaftlich attraktiv. Da ich 90 Prozent davon verfassen werde, stehen mir natürlich 90,4 Prozent aller Einnahmen zu.'"

Das zerstörte mein Weltbild: Ein Verleger, der schreiben kann! Ich sagte zu.

Wir haben ja trotz unserer Gegensätze auch einiges gemeinsam: Nur wenige kennen die österreichische Gesellschaft so gut wie wir. Uns sind die Tricks der zahlreichen Pseudopromis, die mit allen Mitteln in die Zeitung kommen wollen, genauso bekannt wie die Taktik der wahren Prominenz, die genau das verhindern möchte. Wir haben das herrliche Balzen um die tänzelnden Schönheiten der Nacht erlebt, aber auch die dämlichen Infights um die Gunst der flotten Millionäre. Männchen und Weibchen wurden von uns viele Jahre lang auf unzähligen Galas, Festen und Empfängen studiert, ihr Verhalten analysiert und katalogisiert – uns ist jede Nummer bekannt. Es ist eine Welt der Gaukler und Gaffer, der Sexbesessenen und Saftlosen, der armen Angeber und rotzigen Reichen. Wir lieben sie alle wie uns selbst. Das gilt zumindest für mich, bei Mucha bin ich mir da nicht so sicher.

Einigkeit herrschte übrigens sofort darüber, niemanden zu lange an den Pranger zu stellen und durch Geheimnisverrat zu entblößen. Schließlich waren und sind wir ja selbst ein Teil der Gesellschaft, beachtliche Glieder dieses begnadeten Körpers, der sich in coronafreien Zeiten von Party zu Party durch unser Land schleppt. Mit einem verbalen Tritt würden wir uns quasi selbst in die Hoden treffen, und auf diesen Schmerz verzichten wir gerne. Zumal die dabei Gekränkten auch noch zurückschlagen könnten!

Zufällig sind Ähnlichkeiten mit lebenden Personen oder pikanten Geschehnissen allerdings nicht – gelegentlich werden (von IHM!) auch Namen genannt, aber nicht mit aller Brachialgewalt durch den Kakao gezogen: Dafür ist ER dann doch zu süß. Wer sich oder andere wiedererkennt, möge nicht erschrocken zurückweichen, sondern der ungeschminkten Wahrheit ins Gesicht blicken. Vielleicht spiegelt ja so manche Anekdote das eigene Benehmen in der Öffentlichkeit wider.

Die Aufgabenverteilung war auch von Anfang an klar: In

meinen drei großen Kapiteln betrachte ich dieses geheimnisvolle, schillernde Seitenblicke-Universum mit dem Augenzwinkern eines Satirikers. Mit der Macht der humorvollen Übertreibung lässt sich vieles nicht nur besser beschreiben, sondern auch leichter ertragen. Wie schon in meinen letzten beiden Bestsellern „Doktor-Spiele" und „Der Sex*OH*!loge" hat aber auch jede lustvoll überzeichnete Absurdität einen nichtgrotesken Kern. Der Unfehlbare auf der anderen Seite wiederum beschreibt die Szenerie wesentlich realer, aber ebenfalls pointiert, gewürzt durch das Salz eines köstlichen Sarkasten. Da bekommen Sie, liebe Leser, sogar wertvolle Tipps, wie man tatsächlich zum Millionär wird. Das wäre bei mir eine glatte Themenverfehlung.

Die Idee zum Titel kam übrigens vom hochwohlgeborenen Verleger. Im Wissen, dass dabei ein Satzzeichen Entscheidendes verändern kann. „Wie man unverschämt, reich und berühmt wird" hieße, dass wir Anleitungen zur Unverschämtheit, zum Reichtum und zur Berühmtheit geben wollten. Als ob diese drei Begriffe untrennbar miteinander verbunden wären und das eine ohne das andere beim Aufstieg zum Gipfel der oberen Zehntausend nicht möglich ist. „Wie man unverschämt reich und berühmt wird" bedeutet allerdings, dass wir uns in erster Linie auf Reichtum und Berühmtheit konzentrieren – das Unverschämte hat in diesem Fall kein Eigenleben, sondern verstärkt nur sprachlich das Reichsein. Charakterliche Dissonanzen sind also keinesfalls als Voraussetzung für ein dickes Bankkonto zu verstehen.

Der fehlende Beistrich ist übrigens mir zu verdanken. Ich bin schließlich der Gute in diesem Buch.

Wie kommt man in den Medien vor?

Von Christian W. Mucha

Bevor es an die Verhaltensanleitungen in diesem Kapitel geht, bedarf es einer Erklärung. Bedeutet doch Berühmtheit (die einen in die Medien bringt) im ureigensten Sinn des Wortes, „Ruhm geerntet zu haben". Doch jene, die im Scheinwerferlicht der Öffentlichkeit glänzen, bestaunt, beneidet oder gar angehimmelt werden, haben sich nicht immer mit Ruhm bedeckt. Ein sogenannter „Promi" zu werden, also „prominent zu sein" - laut lateinischer Wurzel „herauszuragen" aus der Masse jener, die keine übermäßige Bekanntheit genießen - bedeutet nicht unbedingt, ver- oder geehrt zu werden.

Die einen sind berühmt. Andere bekannt. Dritte berüchtigt.

Die Pointe ist, dass es für den Einzelnen kaum einen Unterschied macht, welcher dieser drei Kategorien man wahrhaftig angehört. Und manche vereinen alle drei Prädikate in sich.

Wenn Sie nun sagen: „Aber das ist nichts für mich. Das kann ich nie erreichen. Ich bin nur eine Pomeranze vom Land, die einigermaßen gut ausschaut. Oder ein mittelmäßig die Schere schwingender Friseur", dann täuschen Sie sich nicht! Wenn Sie die Hoffnung darauf, ein Glanzlicht am Sternenhimmel zu werden, deshalb glauben, begraben zu müssen, weil Ihr Leben gezeichnet von Fehltritten oder -schlägen war (weil Sie etwa eine Firma in die Pleite geführt haben, eine Schönheitsoperation verpfuscht oder als Politiker kläglich versagt haben) – kein Problem!

Die „Landpomeranze" mit dem Durchschnittsgesicht reüssiert gut und gerne in den Klatschkolumnen, wenn sie nur einen engagierten Sugardaddy an ihrer Seite weiß. Der Friseur braucht bloß gratis Haarschnitte für VIPs anzubieten und einen guten Fotografen zur richtigen Zeit zur Stelle zu haben, der die Stars beim Toupieren ablichtet, schon mutiert er zum Promi-Figaro. Und als Ex-Politiker müssen Sie gar nichts tun.

Wie die heimische Chronik zeigt, ist es auch keinerlei Hindernis, ein Stundenhotel zu führen, um prominent zu werden. Wie der Fall eines – mittlerweile verwichenen – Rangers und Glatzkopfs zeigt, der nie um eine „authentische" Geschichte in einem seiner Etablissements – einer Edelabsteige in der Wiener Innenstadt – verlegen war.

Sie glauben, Sie können nicht in den Club der 300 wichtigsten und meistgenannten Landsleute kommen, weil Sie der Spielsucht verfallen waren? Und eine Firma an die Wand gefahren haben? Mitnichten! Keinen stört es, dass Sie eine Modekette gekippt haben, wenn Sie dafür markige Sprüche auf Lager haben und lautstark schlechte Witze erzählen können.

Ob Abt, Priester oder Gebrauchtwarenhändler, ob schriftstellender Frauenmörder, Heurigenwirt oder Zirkusprinzessin, ob Countrysänger oder Millionärswitwe – wenn Sie es richtig machen, dann brauchen Sie sich keine Sorgen zu machen: Die heimische Schreiberzunft ist nicht zimperlich, wenn es um das „Vorleben" geht.

Die österreichische Gesellschaft – das zeigt schon der erste oberflächliche Blick auf die Nennliste – ist ein Panoptikum von teils skurrilen Figuren. Vom ORF-Moderator (hast du es geschafft, beim Topsender unterzukommen, dann ist dir das Promiticket de facto sicher) über den kleinwüchsigen, beleibten Strafverteidiger, vom Schirennläufer, der erst unsterblich ist, seit er auf der Streif oder sonst einer wichtigen Strecke kapital gestürzt ist, über die betagte Almsängerin, deren Schnitzel am besten in Kitzbühel serviert werden sollten, bis zum „Busenschnippsler" – jeder und jede hat die Chance, in die „In"-Listen vorzudringen, wenn er und sie nur den passenden Ton findet, sich ohne Genierer wichtigmachen kann und die – relativ einfache – Methode erlernt hat, sich so richtig in Szene zu setzen.

Die damit einhergehende „Inflation" der Prominenz stieß so manchem aus der Schreiberzunft schon seinerzeit sauer auf. So monierte Roman Schliesser, der legendäre Kronen-Zeitungs-„Adabei", mir gegenüber einmal, wie sehr es ihm auf den Keks gehe, dass die „Halbwichtigen" die Gesellschaft mittlerweile dominierten. Er habe seinerzeit nur Spitzenpersönlichkeiten gefeatured: einen Curd Jürgens, eine Romy Schneider, einen Franz Josef Strauß. Schliesser – das Urgestein der heimischen Gesellschaftsberichterstattung und das Pendant zum bayerischen Michael Graeter – war kleinwüchsig, redete überaus laut und in stakkatomäßigen kurzen Sätzen. Seine Kolumnen waren gefürchtet. Wenn er über einen Fauxpas des bayerischen Ministerpräsidenten berichtete, kam es postwendend zu diplomatischen Verwicklungen.

Ich glaube nicht, dass es viele gibt, die Ähnliches wie ich miterleben durften. Schliesser war absolut unbestechlich. Und unbeeinflussbar. Er entwickelte zu allem und jedem eine eigene Meinung. Und hatte mit einer Millionenschaft an Lesern, die allesamt bestritten, sein tägliches Machwerk zu lesen, und es dennoch auswendig rezitieren konnten, ein gehöriges Machtpotenzial aufgebaut.

Es begab sich seinerzeit, dass ich - ich führte da schon die erfolgreiche Medienzeitschrift „ExtraDienst" - als Sieben-Tage-Workaholic eine schmerzvolle Scheidung hinnehmen musste. Ich beschwor alle mir bekannten Journalisten, die Causa geflissentlich zu vergessen. Bei Schliesser traute ich mich das nicht. Wer versuchte, den einzubremsen, der erntete Sturm. Den ließ man besser gewähren ...

Ich erinnere mich daran, wie der „rasende Roman" mit einem namhaften Baumeister verfuhr, der ihm angeblich 500 Schilling zugesteckt haben soll. Der bestreitet das bis heute. Se non è vero? Selbiger stand jedenfalls ziemlich lange auf der schwarzen Liste des „Krone"-Urgesteins.

Ich war - zum Trost - gleich nach der Scheidung mit einer flotten Freundin nach Thailand abgezischt und hatte nicht viel mitbekommen von der heimischen Berichterstattung. Ein Freund holte uns bei der Rückkehr vom Flughafen ab.

„Na, haben's über meine Scheidung geschrieben?", fragte ich ihn. „Nein. Nur einer", meinte mein Spezl. „Ich nehme an, der Falk", ahnte ich Böses. Kurt Falk, der ausgeschiedene Expartner von Hans Dichand in der Kronen Zeitung, gab schon seinerzeit die größte heimische Postille „Die ganze Woche" heraus. Ein wahrer Hort von Tratsch und Rumor. Der Reichtum des Verlegers garantierte Journalismus ohne Rücksicht und Genierer. „Ja", grinste mein Freund. „Und ich gebe dir jetzt zwei Möglichkeiten, wie er über deine Scheidung geschrieben haben könnte. Entweder, dass du ein ‚mieses' Schwein seist, das seine Frau verlassen hat. Oder ein ‚armes' Schwein, das von seiner Frau wegen eines anderen verlassen wurde." – „Na, unter diesen Umständen hätte ich gerne Letzteres", ächzte ich. „Genau das stand dort geschrieben", grinste mein Freund.

Was er nicht wusste und was ich niemandem – auch ihm nicht – erzählt hatte: Noch vor meinem Abflug war es Roman Schliesser gewesen, der mich zu meiner größten Überraschung kontaktiert hatte. Der rief einen wie mich de facto nie an. Schliesser war kurz angebunden auf den Punkt gekommen. „Ich wollte Sie fragen, ob Sie etwas dagegen haben, wenn ich über Ihre Scheidung schreibe", fragte er knapp. Das hatte ich nicht erwartet. „Habe ich eine Chance, das zu beeinflussen?", fragte ich verwundert. „Ja", fauchte Schliesser. „Nun, unter den Umständen wäre es mir sehr angenehm, wenn Sie über meine Trennung nicht berichten würden", seufzte ich hörbar erleichtert. „Aber was verschafft mir diesen Anruf?", wollte ich wissen. Schliesser, der wusste, dass ich mit seinem Eigentümer, dem mächtigen „Krone"-Eigentümer Hans Dichand, auf bestem Fuß stand, immer wieder dessen Gast sein durfte und viele Interviews mit ihm gemacht hatte, erklärte mir zu meiner größten Überraschung: „Der Chef meinte, ich solle Sie fragen, ob Sie etwas dagegen haben. Und das tut er nur gaaanz selten."

Besagter Schliesser mutierte – wegen seiner geschliffenen Formulierungen, seines Wortwitzes und seiner sonst gepflogenen Rücksichtslosigkeit – zur wandelnden Schreiberlegende. Wer bei ihm vorkam, der hatte es geschafft. Sein Auftreten war geradezu napoleonesk. Wenn er einen Saal betrat, dann erfüllte er den mit seinem Charisma.

Ich erinnere mich noch mit Vergnügen, dass ich vom Österreichischen Reisebüroverband auf die Blumeninsel Madeira eingeladen war. Und dort tauchte – zur größten Überraschung aller mitreisenden Journalisten und Reisebüromitarbeiter – urplötzlich Schliesser auf, den man auf derartigen Reisen de facto nie vermutete. Bei einem „Get together" im großen Ballsaal des Hotels „Reid's", wo alle gemütlich zusammensaßen, betrat die „Krone"-Legende den Ort des Treffens. Alle erstarrten. Plötzlich war es mucksmäuschenstill im Saal. Nur ein kleiner älterer Herr, der mit seiner reizenden Ehegattin bei mir am Tisch saß, redete unbeirrt weiter. Allen anderen hatte es ob des Adabei-Auftritts die Rede verschlagen. „Wissen's denn nicht, wer das ist?", fragte ich mein Gegenüber flüsternd. „Na klar. Aber der stört uns nicht", meinte der gelassen und plauderte in mittlerer Lautstärke weiter. Schliesser kam am Tisch vorbei. „Ah, da Mucha", knurrte er. Mein Gegenüber, das vom Federkielschwinger unterbrochen worden war, redete ungerührt weiter, grüßte nicht einmal und ließ sich nicht aus der Fassung bringen.

Schliesser stutzte, starrte ihn an und sagte (diese Worte werden mir ewig im Gedächtnis bleiben): „Und wer, bitte, sind Sie jetzt?" Mein Gegenüber lächelte. „Ich bin ein über 60-jähriger Multimillionär, der Gesellschaftskolumnen und deren Verfasser nicht braucht. Nie gebraucht hat. Ich bin einer von denen, die Sie nie in Ihre Kolumne kriegen. Und es gibt viele von unserer Sorte. Weil wir uns zu gut dafür sind!" So schnell hat noch nie einer das Weite gesucht wie der betroppezte

Society-Starschreiber. Und ich zermarterte mir danach den Kopf, wie sehr diese für Schliesser so peinliche Begegnung eventuell mir schaden würde. Denn ich befürchtete, dass es nicht gerade von Vorteil sein kann, Zeuge dieser peinlichen Schlappe für den Herrn über Weh und Ach im Gesellschaftsgeschehen geworden zu sein. Rückblickend betrachtet: Es hat mir wohl eher genutzt als geschadet: Denn ich glaube, dass Schliesser selbst ordentlich Spundus davor hatte, dass dieser Moment jemals ans Licht der Öffentlichkeit kommen könnte.

Und so kehren wir nach diesem kleinen Ausflug in die Vergangenheit zurück zur Anleitung, wie Sie berühmt werden können. Vorausgesetzt (siehe der Multimillionär, dem Bekanntheit völlig powidl war), Sie wollen das wirklich und wahrhaftig. Dann müssen Sie zuallererst verstehen, wonach die Fische gieren, die Ihren Köder fressen sollen. Also sprechen wir zuerst über jene, die anbeißen sollen, wenn Sie etwas auswerfen: die Journalisten.

Wer Geschäfte machen will, der muss sein Gegenüber verstehen. Muss „von Nutzen" sein. Daher ist es ratsam, sich in die Person dessen, der über Sie schreibt, hineinzuversetzen. Jeder Journalist leidet unter immensem Arbeitsdruck. Er braucht eine Geschichte. Täglich. Um einmal mit der Tageszeitungs-Kamarilla anzufangen. Wie bei jedem Verkäufer hilft es ihm nicht das Geringste, wenn ihm gestern ein genialer Coup gelungen ist und er weltexklusiv als Einziger die Geschichte hatte, dass eine, sagen wir, 62-jährige Leinwandlegende schwanger geworden ist. Noch dazu von ihrem Leibwächter. Wenn er am darauffolgenden Tag keine Story hat, dann hat er ein Problem. Und zwar ein großes.

Nun gibt es im Tageszeitungs-Journalismus starke und schwache Tage. Societymäßig galt der Montag immer als Nottermin der Journalisten. Längst überholt. Heute sind die Montage urwichtig. Da freilich die meisten Veranstaltungen unter der Woche und bevorzugt am Donnerstag stattfinden – um entweder am Freitag in die Zeitung zu kommen oder in die Wochenendausgabe (die üblicherweise die bestgelesene ist) – passiert am Wochenende nicht besonders viel. Das ist der Moment, den die Coiffeure und Heurigenwirte nutzen können.

Auch saisonal gibt es Saure-Gurken-Perioden.

Vermeiden Sie, wenn Sie ein Frischling sind, den Fasching, die Tage um den Opernball, das Hahnenkammrennen, Schladming oder die Fashion Week! Zu diesen Zeiten punktet nur die bereits etablierte Klientel. Die Semesterferien, die Ostertage, das Sommerloch und die Weihnachtszeit eignen sich hingegen ausgezeichnet für Ihr Debüt. Da schreibt man auch einmal über einen Nobody.

Suchen Sie sich also eine Durststrecke der Journalistinnen und Journalisten aus, wenn Sie zum Angriff übergehen. Und dem Objekt der Begierde Ihr Anliegen präsentieren. Denn wie bei jeder Prüfung auf dieser Welt gilt auch hier: Es gibt eine Gruppe, die garantiert durchfällt. Das sind die, die nicht antreten. Sie werden nie bekannt, berühmt oder berüchtigt (je nachdem), wenn Sie sich und Ihre Geschichte nicht anbieten. Und das muss proaktiv, freundlich, ohne Druck und – ganz besonders wichtig – ohne Nachfassen erfolgen.

Eine große Weisheit gilt auch hier: Die einzig legitime Form der Bestechung ist die Sympathie. Wer sich wichtigmacht, aufplustert und Angebergehabe zeigt, sein Gegenüber herablassend behandelt oder gar versucht zu bestechen, schafft es garantiert nie in die Zeitung, das Magazin oder den TV-Bericht. Stattdessen droht ihm ewiger Bannfluch.

Wenn wir verstanden haben, dass ein Journalist ein von Not, stets auf der Suche nach einer Exklusivgeschichte (sprich einem Bericht, den nur er alleine, und das möglichst vor allen anderen und möglichst spektakulär verfasst hat) Getriebener ist, dann können wir logisch schlussfolgern, dass in der Not der Teufel auch Fliegen fressen wird. Vorausgesetzt, der Wurm, den man anbietet, passt geschmacklich.

Um das Ganze nicht zu theoretisch zu machen: Mein Schulkollege Albert Fortell, der in Wirklichkeit Adalbert Fortelni heißt, hat mir das schon vor Jahrzehnten schlüssig erklärt. Wer meint, Fortelni habe es natürlich ein wenig leichter als viele andere – verheiratet mit der berühmten Schauspielerin Barbara Wussow, Sohn eines Schauspielerehepaars, der Vater Grandseigneur, beheimatet im 19. Wiener Nobelbezirk, fesch, groß, rothaarig, sportlich, Motorradfahrer, Wasserschi- und Schiläufer, in eine amerikanische Schule gegangen und sohin mit brillantem, akzentfreiem Englisch ausgestattet – der hat recht. Denn so einer tut sich naturgemäß leichter.

Doch auch ein Fortelni hat einmal klein angefangen. Und steuerte ab dem ersten Tag seine Gesellschaftsauftritte gezielt, geplant und ausgetüftelt. Er ahnte die Momente der journalistischen Durchhänger vorher, bereitete sich akribisch vor, wusste genau, wen er treffen musste, um sein „G'schichtl hineinzudrucken", und hatte sich jedes Wort exakt überlegt. Und kannte auch das „Wo". Denn auch die Schreiber haben ihre bevorzugten Platzerln, Lieblingsrestaurants und Treffpunkte, wo sie locker sind, vielleicht „ein Glaserl zu viel" trinken und damit empfänglicher für eine zugespielte Geschichte sind.

So galt jahrzehntelang das Wiener Lokal „Gutruf" als der Treffpunkt der Journaille. Thaddäus Podgorski, Richard Nimmerrichter (Staberl), Roman Schliesser und ähnliche Kapazunder frequentierten das Lokal, das so klein ist, dass man einen Schuhlöffel braucht, um hineinzukommen. Freilich wachte der Lokaleigner Rudolf „Rudi" Wein (von 1972 bis 1991) wie ein Zerberus über seine Spezln. Da reinzukommen war nicht einfach. Schaffte man das, dann war man ein „Eindringling". Keine gute Voraussetzung für das Lancieren einer Geschichte.

Fortelni machte das freilich blendend, besuchte die richtigen Orte, die richtige Person, trat sympathisch und demütig auf und sagte immer die richtigen Dinge zum rechten Zeitpunkt. Seine Geschichten waren skurril und doch glaubwürdig. Umgeben mit dem Nimbus der Internationalität. Das passende Foto lag bereit. Ob er sich beim Motorradfahren in Hollywood die Hand gebrochen hatte und auf niemanden Geringeren als Schauspielerin Jane Fonda im Krankenhaus von Beverly Hills getroffen war oder die Hochzeit mit seiner Barbara vermarktete (trotz blickdichter Zäune exklusiv an ein Medium verscherbelt) - Fortelnis Erfolgsquote war gigantisch.

Von Fortelni lernt man: Erfinde eine spannende Story. Je skurriler - desto besser! Und - sie muss bewiesen werden. Sonst hat man ein Problem. Eine Fotomontage, wo Sie und Arnold Schwarzenegger drauf sind, fliegt schnell auf. Danach sind Sie medial mausetot. Für alle Zeiten. Aber als ich seinerzeit durch Zufall auf einer Kreuzfahrt mit der Royal Viking Star ein Foto mit Arndt von Bohlen und Halbach, dem Krupp-Erben, vorweisen konnte, erschien eine halbe Seite im „Kurier" bei Franz Prassl. Text: „Mucha trifft Milliardär auf Traumschiff". Kein Mensch kannte mich damals. Doch viele kannten und beneideten den schwulen Stahl-Erben. Und ich dokumentierte, dass just der beim Bingo gewonnen hatte. Eine irre Story.

Haben Sie es geschafft, sich eine gute Geschichte auszudenken, die zu Ihrem Umfeld passt, die Sie beruflich unterstützen wird und wo der Köder so geartet ist, dass er dem Fisch schmeckt, dann müssen Sie nun geduldig sein. Und warten. Niemals, niemals, niemals dürfen Sie den, dem Sie die Geschichte „gesteckt" haben, stressen, erinnern, anstoßen oder drängen. Denn das mögen sie gar nicht, die Society-Journalisten. Und das führt garantiert dazu, dass Ihr mühevoll aufgebautes Konstrukt mit sofortiger Wirkung im Papierkorb verschwindet. Und Sie mit dem Hautgout des „Lästigen" gebrandmarkt sind.

Haben Sie es geschafft, Ihre Geschichte zu platzieren, dann empfiehlt sich durchaus ein Dankeschön. Früher ein möglichst kurzer Brief mit maximal drei Zeilen. Heute eine Veröffentlichung mit Verlinkung auf den sozialen Netzwerken und einem Dankeschön. Auch Journalisten sind Menschen. Und eitel. Und dankbar, wenn die, über die sie berichtet haben, „Vergelt's Gott" sagen können. Man trifft sich ja wieder ...

Doch jetzt kommen wir zu einem Fehler, der Anfängern oft passiert. Hilflosen PR-Schreibern, die das Handwerk nicht gelernt haben. Oder Amateuren in Sachen Öffentlichkeit: Niemals, niemals, niemals darf, wenn man einen Text aussendet, um ein sogenanntes Belegexemplar oder die Dokumentation des zu Berichtenden gebettelt werden. Es ist Job dessen, der eine Geschichte lanciert, den Markt zu beobachten und sich darum zu kümmern, ob und wann das erscheint. Oder nicht. Und sich die entsprechenden Belegstücke selber zu organisieren.

Der solchermaßen Angeschriebene denkt sich seinen Teil. Und zwar wie folgt: „Kann der Idiot nicht mein Medium durchlesen, ob er vorkommt? Bin ich jetzt sein Schammes (also Diener), dass ich nicht nur über den schreiben soll, sondern ihm dann auch noch die Unterlagen übermitteln muss?"

Wenn man um so etwas bittet, dann muss man mit dem Subjekt der journalistischen Begierde schon sehr gut befreundet sein. Oder am anderen Ende der Welt weilen, um die Bitte menschlich glaubwürdig zu gestalten.

Apropos menschlich: Besagter Schliesser hat mir einmal erklärt, worum es in seiner Gesellschaftskolumne geht. Er meinte, es seien die Stationen des Lebens, die bewegen - die Geburt, die Taufe, die Hochzeit, die Scheidung, die Erfolge, die Auszeichnungen, die Trennungen, der Streit, der Neid, der Hass und schlussendlich der Tod, die Begräbnisse, die letzten Worte. Und - die Güte.

Doch mit der Güte, mit dem sozialen Engagement, mit Charity und dergleichen hat es so seine gefährliche Bewandtnis. Als ich mich - vor vielen Jahren - einmal bei „Licht ins Dunkel" mit besten Absichten zu Wort meldete und eine Aktion für eine Leidensgruppe initiierte, zog mir der „Krone"-Adabei fest eine drüber. Mit einer falschen Hochrechnung dessen, was bei meiner Aktivität hereinkommen würde. Er schlussfolgerte fälschlich, dass das eine - für meine Vermögensverhältnisse - vergleichsweise lächerliche Summe sei, die daraus lukriert werden könne. Schliesser hatte sich freilich um eine Kommastelle verkalkuliert. Und am Schluss kam dann doch ein durchaus erklecklicher, namhafter Betrag zusammen. Zu spät. Ich hatte meine „Watschn" bereits einstecken müssen.

Als Tröster in dieser schweren Stunde erwies sich einmal mehr der legendäre Ernst Wolfram Marboe. Er rief mich an, um mich zu besänftigen. Und schenkte mir einen klugen Sager von Lao-Tse: „Warum der Weise nicht gütig ist? Der Weise ist nicht gütig, weil auf die Güte der Neid folgt. Auf den Neid folgt der Streit. Auf den Streit folgt der Hass. Auf den Hass folgt die Auseinandersetzung. Auf die Auseinandersetzung folgt der Krieg. Und der Tod. Also folgt auf die Güte der Tod. Also ist der Weise nicht gütig."

Ich habe es mir zu Herzen genommen und die nächsten Jahrzehnte alles, was ich an „Sozialem" gestartet habe, sorgfältig bedeckt gehalten. Charity nur in ganz wenigen Ausnahmefällen öffentlich gemacht. Denn schließlich sollte man das, was man an Gutem tut, doch primär machen, um jenen, die man unterstützen will, zu helfen. Und nicht, um sich damit wichtig zu machen.

Helmut Gansterer, die „Trend"-Edelfeder, hat dieses Gebot mit seinem wunderbaren Satz „Tue Gutes und rede darüber" ad absurdum geführt. Denn oftmals kann just die Veröffentlichung einer sozialen Aktion dazu führen, dass die sich ausbreitet, weitere Kreise zieht und damit der Effekt, der Erlös, der Ertrag der Aktivität deutlich höher wird als ohne die Publizierung.

Zum anderen sind die sogenannten Charity-Veranstalter (ich will jetzt nicht verallgemeinern, aber auch dort gibt es schwarze Schafe) nicht immer koscher. Um es sorgfältig zu formulieren. Wer weiß, wie das Spendengütesiegel funktioniert, und realisiert, dass man da rund 25 Prozent der eingenommenen Spenden und guten Gaben für „administrative" Zwecke abstauben kann, der ahnt, dass das für den einen oder die andere Prominente ein trefflicher Selbstbedienungsladen ist, wo man sich an den „Administrationskosten" fein bereichern und das eigenes Leben verbessern könnte.

Was die Betreffenden schützt? Diesbezüglich kam hierzulande die eine oder andere höchst peinliche Geschichte auf. Die dann freilich meist im Keim erstickt wurde. Grund dafür ist die Tatsache, dass jeder Journalist ganz genau überlegt, bevor er so etwas thematisiert. Denn er weiß, dass er zwar die „Selbstbedienung" des Prominenten aufzeigt, auf der anderen Seite aber jene 75 Prozent der Spenden, die dann doch einem guten Zweck zufließen, mit seiner Veröffentlichung vernichtet. Und bevor die armen Kinder in Swasiland gar nichts bekommen, lässt man den, der schmarotzt, besser doch außer Obligo.

Dennoch - eine soziale Tat, empathisches Verhalten und das Eintreten für Mitmenschen sind immer gute Visitenkarten. Werden gerne von der schreibenden Zunft angenommen. Dabei können Sie klein - sprich regional - anfangen. In Ihrem nächsten Umfeld erste Schritte setzen. Und sich langsam an Größeres heranwagen. Die großen Tageszeitungen hebt man sich für Gelegenheiten auf, in denen man erste Fingerübungen mit Lokaljournalisten und regionalen Medien bereits erfolgreich absolviert hat. Die sind auch nicht so abgehoben wie ihre mächtigen Kollegen in „Heute", „Kronen

Zeitung", „Kurier", „Österreich", „Kleine Zeitung", „Presse", „Salzburger Nachrichten" und Co.! Da herrscht ein amikalerer Ton. Auch ein kleines Event kann regional groß herauskommen und Ihnen die Türe für künftige Aktivitäten öffnen. Und neben dem Profit, etwas fürs eigene Ego und Ihr soziales und ökonomisches Standing getan zu haben, sammeln Sie damit viele Flugmeilen in den Himmel.

Doch nun zur Gewichtung der Mediengattung: Ich habe mit den Tageszeitungsjournalisten angefangen, weil die meine eigene Karriere geprägt haben. Aber eigentlich ist dieser Ansatz heute längst überholt. Ein Bild, so heißt es, sagt mehr als tausend Worte. Die legendäre Geschichte von den zwei Schmierenschauspielern, die sich an einem Winz-Beitrag in der Presse erfreuten, in dem leider alle Informationen falsch waren, mündet in der entscheidenden Frage: War ein Foto dabei? Ja. War das Foto gut? Ja. – Dann ist alles gut.

Als weitere Fortsetzung der Bildthese (nur ein Artikel mit einem Bild, wo Sie erkennbar abgebildet sind, zeitigt den gewünschten Erfolg; der Text dazu ist eher Nebensache) gilt, wie von mir unzählige Male erlebt, dass ein bewegtes Bild sich noch viel stärker in die Gehirne der Rezipienten einprägt als ein paar kümmerliche Zeilen Text und ein Winzig-Foto.

Wenn ich heute in den sozialen Medien einen guten Sager platziere, garniert mit einem sorgfältig inszenierten Foto, und mich an 250 Likes und 100 Kommentaren erfreue, dann wird das schnell relativ, wenn ich ein Video poste. Da bei Bewegtbildveröffentlichungen die Besucherzahl angezeigt wird, merkst du plötzlich, dass das zwar nur von wenigen geliked, aber von 1.400 Followern in drei Stunden angeschaut wurde. Und man hat den Beweis für die Wirkung.

Der Turnaround zur Oberstufe der heimischen Society erfolgte für meine Frau Ekaterina und mich im Jahr 2008. Es war ein unangenehmes Jahr für die Medienbranche. Nicht vergleichbar mit Coronazeiten. Aber trotzdem gab es da so einschneidende Rückgänge der Verlagsumsätze, dass wir sofort handeln mussten. Und weil just in diesem Jahr unsere Verlobungsfeier geplant war, schloss ich mit meiner Frau einen Pakt. Wir wollten proaktiv Öffentlichkeitsarbeit machen. Und da ein Fachzeitschriftenverlag mit Gastronomie-, Hotellerie-, Touristik-, Medien- und einer Luxuszeitschrift nicht extrem interessant ist, entschlossen wir uns, unser glamouröses Privatleben – erleichtert durch die Tatsache, dass ich über spektakuläre Wohnsitze verfüge – zu vermarkten. Und zwar vorsätzlich. Also überwanden wir uns und luden zu unserer Verlobungsfeier auf Schloss Drasing – einem venezianischen Kostümfest – einen TV-Society-Reporter samt Kamerateam ein. Der Bericht ging durch die Decke. War eine der meistgesehenen Sendungen auf dem betreffenden Sender.

Was wir nicht ahnten: Dieser Bericht wurde bis dato – in verschiedenen Versionen – über zwanzig Mal (!!!) gebracht. Verfremdet, verändert, neu geschnitten. Weil natürlich die TV-Fritzen allesamt quotenabhängig sind und das, was Reichweite bringt, mit Vergnügen ungezählte Male recyceln. Die Geschichte war gut eingefädelt: Junge, kluge, gebildete Russin lernt alternden Millionär kennen. Glaubt, der ist einfacher Journalist. Und wacht als eine Prinzessin in seinem Schloss auf. Das hat Herz, das hat Schmerz, das birgt die Chance des

„Alles ist möglich". Das lieben die Menschen. Das ist der Stoff, aus dem Dreigroschenromane sind. Und dass so etwas nicht nur in dünnen Büchern mit weichen Umschlägen passiert, sondern auch in der Realität, bringt Quote. Garantiert.

Danach ging es Schlag auf Schlag. Wir bekamen eine eigene TV-Serie („Die Muchas kaufen ein Haus in Saint-Tropez"), wurden in Fernsehshows eingeladen, waren – natürlich – plötzlich auch in allen Gazetten gern gesehene Gäste und schafften es schlussendlich 2020 in der Liste der 350 wichtigsten heimischen Promis, die 23 Society-Reporter gemeinsam erstellten, beide unter die Top 25. Wobei ich durchaus Verständnis dafür habe, dass mich meine Frau als 16. um neun Plätze hinter sich gelassen hat. Es geht eben nichts über eine kluge, schöne und attraktive Frau. Da kannst du als alternder Verleger definitiv nur schwer mithalten ...

Wie macht das der Lugner?

Richard Lugner, das Urgestein der heimischen Society, ist wohl eine eigene Abteilung in diesem Kapitel wert. Für seine Lugner City braucht der Mann kaum Werbung. Und wenn, dann sind es Gefälligkeitsinserate, die er platziert, um die Medienmacher bei Laune zu halten.

Seine Methode, internationale Stars zum Opernball zu karren, sich das von seinen Mietern finanzieren zu lassen und damit selbst Objekt der Begierde jedes Society-Reporters – mittlerweile weit über die Grenzen des deutschsprachigen Raums hinaus – zu werden, ist legendär. Seine Urtümlichkeit, sein Hans-Moser-Auftreten, seine Tollpatschigkeit, sein peinliches Englisch und seine Wutausbrüche zeigen ihn als das, was er ist: als einen von uns. Als einen Hanswurst einerseits, aber auch einen cleveren Geschäftsmann andererseits, der mit dieser Methode sein Unternehmen seit Jahrzehnten ungebrochen und fast täglich in den Schlagzeilen hält.

Der Haken an der Sache: Medienöffentlichkeit zu bekommen wirkt wie eine Droge. Man verfällt ihr schnell. Man dürstet nach immer mehr. Und giert nach täglicher Präsenz. Wenn sich dieser Teufelskreis (höher, schneller, weiter - größere Geschichten, permanente Nennung) schließt, dann mutiert das zum manischen Zwangsverhalten. Und führt direkt in die Abhängigkeit. Lugner ist daran längst unheilbar erkrankt. Und leidet ohne seine tägliche Dosis medialer Beiträge.

Auch wir waren davor nicht gefeit. Unser Ausweg war einfach: Rund drei Monate im Jahr ziehen wir uns nach Frankreich zurück. Wo uns kein Mensch kennt. Da berichten dann auch die Medien nicht über uns. Und wir sind nach diesem Aufenthalt wieder „trocken". Dann wissen wir, dass das Leben auch ohne Berichterstattung (für die egomanische Selbstbestätigung) weitergeht.

Somit gilt zusammengefasst: Fast nichts von dem, was heutzutage medial erscheint, entspringt dem Zufall. Spontan-Storys gibt es, wenn, dann nur ganz selten - im Fall von Lotteriegewinnern, Glücksrittern oder Helden des Alltags. Denen das Schicksal ihre Minute der Berühmtheit, wie von Andy Warhol erläutert, beschert. Fast alles, was im Alltag der heimischen Society-Berichterstattung entsteht, ist sorgfältig geplant, vorbereitet, ausgetüftelt und getextet. Wenn irgendjemand glaubt, dass auf dem Opernball Gesagtes reiner Zufall oder Improvisation ist, dann irrt er gewaltig. Jene, die professionell agieren und wissen, wie der Hase läuft, bereiten das minutiös vor.

Lassen Sie mich das an einem Beispiel erläutern: Vor einigen Jahren schloss ich mit Freunden eine Wette um eine Kiste Roederer Cristal ab. Ein fetter Einsatz, wie jene wissen, die die Preise des französischen Luxusschaumweins kennen. Ich wettete mit einer Runde von Bekannten, dass ich es schaffen würde, die Schlusspointe der Opernballberichterstattung im ORF zu provozieren. Mit einem einfachen Planspiel: Sollte ich nicht den finalen Sager bekommen, dann würde ich zahlen. Wenn es gelänge, dann dürften meine Kumpel brennen. Um das Ergebnis vorwegzunehmen: Alle sechs Flaschen sind noch unberührt. Irgendwann einmal werde ich sie köpfen. Und gezahlt haben meine Spezln ...

Die Ausgangsposition zu meinem Coup war einfach. Die Journalisten auf dem Opernball stellen immer dieselben dumpfen, dünnen, dämlichen Fragen:

„Sind Sie das erste Mal am Ball?" (– „Pfff...")

„Werden Sie noch tanzen?" (– „No na ...")

„Gefällt es Ihnen?" (– „Pruhaha...")

Doch der Zuseher giert nach Neuem. Nach einer Formulierung, die griffig ist. Die dicht ist. Die aufrüttelt. ORF-Reporterin Lisbeth Bischoff ist eine gute Bekannte. Das hilft natürlich. Schließlich hatte sie – vor ewig langer Zeit – bei mir in meinem Verlag leitend mitgearbeitet und Society-Kolumnen verfasst, bevor sie in die lichten Höhen des staatlichen Fernsehsenders aufgenommen wurde.

Also schritten meine Frau und ich die Stiegen hinauf Richtung Bischoff, die damals die ORF-Treppen-Opernball-Interviews machte. Als ihre Frage fiel, ging ich gar nicht darauf ein. War eh nicht live. Ich redete zügig einfach drauflos: „Blicken Sie sich doch einmal um. Die Menschen, die sich hier auf dem Opernball tummeln und wichtigmachen, sind leider nur in den seltensten Fällen die, die man sonst in der Staatsoper trifft. Dabei gäbe es heuer am 16. Mai eine wunderbare ‚La Traviata'-Premiere, am 26. September gastiert das Bolschoi-Ballett, und die berühmte Sopranistin Natalia Ushakova singt eine fantastische Partie in ‚Le Nozze di Figaro' am 4. Dezember. Es wäre schön, wenn die, die sich heute wichtigmachen, dann auch in die Staatsoper kommen würden. Und nicht nur beim Opernball." So oder ähnlich plapperte ich drauflos.

Bischoff begann vor Freude übers ganze Gesicht zu strahlen. Denn das war genau das Ziel, das die damalige Opernball-Organisatorin vorgegeben hatte: Gebt den Künstlern das Kommando. Rückt die künstlerische Leistung der Staatsoper ins Bild. Weg von den Baumeistern, ihren eingekauften Trash-Stars, hin zur Kultur. Lassen wir die Künstler als die wichtigsten handelnden Personen einziehen. Es war DIE Schlusspointe. Ich habe das Spiel mit Glanz und Gloria gewonnen.

Somit kann ich Ihnen nur den Rat geben: Setzen Sie sich hin! Denken Sie nach. Beraten Sie sich mit Experten (derer gibt es viele – ich habe mir Rat gleich von zwei Promispezialisten geholt). Bauen Sie das Spiel sorgfältig auf. Nehmen Sie sich Zeit. Und sorgen Sie dafür, Ihren Wirkungskreis möglichst breit zu streuen. Dazu gehört, dass Sie unterschiedlichen Medien unterschiedliche Informationen jeweils exklusiv zukommen lassen. Keiner wird sich darüber freuen, wenn Sie ein und dieselbe Geschichte am selben Tag vier Tageszeitungen und drei Fernsehsendern zuspielen. Denn damit ist die Exklusivität futschikato.

Auf der anderen Seite: Machen Sie sich nicht zum Hanswurst von einem einzigen Medium! Streuen Sie Ihre Bekanntheit möglichst breit. Dazu gehört, dass man gewisse Themen vermeidet: Streit, Auseinandersetzungen, Kritik an den Journalisten, aber auch Konflikte mit deren Liebkindern.

Ich habe mich erst jüngst mit einem aufgeblasenen Modeschöpfer angelegt. Und dabei übersehen, dass der einflussreiche Journalistinnen unentgeltlich mit seinen Fetzen ausstattet. Und die auf ihn schwören. Klar, dass ich mich bei denen nicht gerade beliebt gemacht habe. So etwas zu kitten ist mühevoll. Und eigentlich unnötig.

Das, was man tut, sollte möglichst ausnahmslos positiv sein. Attacken, Hass-Postings, negative Geschichten, Angriffe, Untergriffe und verbale Übergriffe zahlen sich niemals aus. Sie verschlechtern schlussendlich nur das eigene Standing. Sie führen zur Meinungsspaltung. Und sind damit hochgradig kontraproduktiv. Wobei es gilt, dies ganz besonders in den sozialen Medien zu beachten. Dort sollten Sie jenen, die das lesen, klarmachen, dass alles, was an Foto- und Textmaterial von Ihnen online gestellt wird, frei nutzbar ist. Den Journalisten erleichtert das die Arbeit, und so kann man auch in den Genuss kommen – ohne Einzelne zu bevorzugen –, gleichzeitig eine Geschichte in mehreren Medien zu lancieren.

Was das alles bringt? Nun, in unserem Fall hat das dazu geführt, dass wir – über unsere steigende Bekanntheit – auch unser Geschäft nachhaltig ankurbeln konnten.

Es ist ein einfach erklärtes Phänomen, dass Menschen mit

jemandem, der bekannt, berühmt oder beliebt ist, viel lieber kommunizieren als mit Mister Nobody. Wer – wie wir – von Werbeaufträgen abhängig ist und proaktiv Geschäfte macht, für den gehen, wenn er bekannt ist, naturgemäß viele Türen auf. Türen, die geradewegs zu einem guten Geschäft, zu Abschlüssen und zu Aufträgen führen. Ich habe einmal ungeniert in einem Interview erläutert, dass ein Opernballabend bis zu einer Million Euro an Geschäft generieren kann. Weil man dort Menschen trifft, an die man sonst nicht herankommt. Termine vereinbaren kann, Kontakte knüpft und sein Netzwerk zu vergrößern vermag. Das Geheimnis in Zeiten wie diesen heißt Netzwerken, wie das Beispiel eines überschätzten Teppichhändlers zeigt, der die Spitzen der Politik regelmäßig als Gäste begrüßen darf.

Somit haben wir es – in den Branchen, in denen wir aktiv waren – geschafft, trotz allgemeiner Rückgänge im Mediengeschäft unsere Position nicht nur zu halten, sondern auszubauen und unsere Marktanteile zu vergrößern. Bis dato unerwartetes Neugeschäft zu machen und täglich nachhaltig von unserer Bekanntheit zu profitieren.

Die Kehrseite der Medaille

Jedem, der bereit ist, dem Teufel seine Seele zu opfern, Einblick in sein Privatleben zu gewähren, sich medial in Szene zu setzen, muss klar sein, dass sich die einschlägige Berichterstattung definitiv nicht nur auf die guten Momente in seinem Leben erstrecken wird. Man kann nicht verlangen, dass die Journalisten über deinen Front-Row-Besuch bei einer Modenschau willfährig mit feschen Bildern berichten und dann, wenn es Krankheit, Streit oder Trennung gibt, der edle Mantel des Schweigens darüber gebreitet wird.

Als Ekaterina und ich - nach meiner längeren Krankheit, die für jeden deutlich erkennbar war, weil ich 23 Kilogramm abgenommen hatte - in eine Beziehungskrise taumelten, war uns schnell klar geworden, dass sich das nicht verheimlichen lässt. In so einem Fall braucht es gutes Krisenmanagement. Und die Bereitschaft, zu zeigen, dass auch diese Schwäche, dieses Versäumnis, dieses Scheitern ehrlich und öffentlich dargelegt wird. Allerdings verbunden mit einer Reihe von Wünschen, die man in solchen Momenten klar artikulieren sollte. Sonst endet es übel! Dass man selbst Einfluss auf den Text hat (üblicherweise sehr schwierig); dass man - wenn möglich - selbst Schlüsselformulierungen bestimmen darf; und dass man bei Interviews die Fragen vorgibt.

Entweder so - oder man wird schweigen. Es hilft, wenn man andeutet, dass alle anderen Kollegen die Geschichte covern. Der eigene „Eingriff in die Story" muss und darf niemals weitererzählt werden. Frei nach dem Motto: „Aber der Kollege Sowieso hat meinen Text genommen, den nehmen Sie auch." Das wird nicht funktionieren.

Es hilft aber, wenn man andeutet, auch mit anderen über sein Problem zu reden.

In unserem Fall dauerte die Krise neuneinhalb Wochen - in der Zeit durften wir uns über Berichte auf Tageszeitungstitelseiten und in diversen Fernsehreportagen („Die Muchas getrennt") „erfreuen". Doch dank einer geschickten Darstellung unserer Probleme, Menschlichkeit, Ehrlichkeit und Offenheit haben wir das weitgehend unbeschadet überstanden und uns nicht wie die Wahnsinnigen in Ischgl verhalten und mit Trotz, Wut, Arroganz, Überheblichkeit sowie Selbstüberhöhung reagiert. Wer so etwas - menschlich - übersteht und aus der Malaise dann noch herauskommt (in unserem Fall ist unsere Beziehung seither besser denn je, weil jeder von uns durch die Trennung verstanden hat, was er an Wesentlichem in seinem Leben mit dem Verlust der anderen Person verloren hätte), der geht sogar deutlich gestärkt aus solch einer Schlappe hervor.

Schlussendlich sei in diesem Kapitel - das keinerlei Anspruch auf Vollständigkeit erhebt (ich könnte wohl noch hunderte Seiten mehr dazu schreiben) - betont, dass gute Öffentlichkeitsarbeit im wahrsten Sinne des Wortes Arbeit ist. Viel Arbeit. Da müssen Kontakte gepflegt, Texte verfasst, Fotos geschossen und TV-Sendungen durchgestanden werden.

Als Ekaterina die „Shopping Queen" gewann und unglaubliche Resonanz darauf erhielt, ahnten wir nicht, dass das einen Drei-Tage-Marathon unter größtem Stress, ohne Schlaf, mit Hektik und immensem Einsatz bedeutet, der uns bis an die Grenzen der eigenen Leistungsfähigkeit führen würde.

Vor allem Fernsehaufnahmen sind unheimlich aufwendig. Kompliziert, fordernd, und es bedarf viel Fair Play der agierenden Journalisten, das Ganze nicht heimtückisch zusammenzuschneiden. Was uns so passiert ist mit einer österreichischen Reporterin von RTL, die - trotz gegebenen Versprechens, gewisse Themen auszuklammern - vorsätzlich manipulativ Negatives zusammenschnitt. Dagegen bist du nie gefeit. Ob im Print, im Radio, im Fernsehen oder in Magazinen - man ist immer (mehr oder weniger) dem Gutdünken des handelnden Gegenübers ausgeliefert. Geschützt ist man nur bei Livesendungen. Denn da ist das, was du sagst, unverfälscht, unverändert, ungeschnitten. Das einzige Schutzinstrument in all diesen vertrackten Fällen ist die Tatsache, dass es nur eine einzige Sache gibt, die älter ist als der „Kurier" von heute: Und das ist der von gestern.

Die Menschen vergessen unheimlich schnell. Bilden sich einen Generaleindruck. Entwickeln ihr Image von jenen, die gefeatured werden. Dass das oft mit den realen Menschen nur wenig zu tun haben muss, liegt in der Natur der Sache. Deswegen empfiehlt es sich, immer echt zu sein. Authentisch. Wahrhaftig. Das vermittelt, woran man wirklich glaubt. Künstliche, aufgeblasene, sich selbst stets ins gute Licht rückende, sich kosmetisch und manipulativ verändernde Typen haben à la longue nur selten Erfolg. Der Zuseher/Zuhörer/Leser ist gnadenlos. Und hat ein gutes Gespür dafür, was echt ist. Und was aufgesetzt wirkt. Was künstlich ist. Was gedrechselt, erfunden oder manipulativ daherkommt. Das sollte man um jeden Preis vermeiden.

Bleiben Sie immer Sie selbst!

Sie haben das jetzt alles gelesen und sind zu dem Schluss gekommen: „Das ist nichts für mich"?

Sie haben Kommentare unter einem TV-Beitrag, wo sich Ekaterina auf den Malediven in der Sonne räkelt, gelesen? Und 15 Postings von neidischen Hausmeisterinnen gefunden, die meine Frau wegen ihres Aussehens (?!) beschimpfen? Sie staunen über die anonymen Postings im „Standard" oder in anderen Medien, wo gehässige Zeitgenossen unter dem Deckmantel der Anonymität mit Pseudonymen camoufliert ihre Boshaftigkeiten, Beschimpfungen und Gemeinheiten herauskotzen? Angesichts dieser Widrigkeiten und widerwärtigen Typen sagen Sie: „Nein, das spar' ich mir alles. Das brauche ich nicht!"

Nun – dabei gilt Folgendes: Der Neid gehört zum Geschäft. Er ist unvermeidlich. Wie sich mittlerweile herumgesprochen haben dürfte, gibt es kein einziges Thema, mit dem man nur Zustimmung in den (sozialen) Medien findet. Und es liegt in der Natur der Sache, dass jene, die beißen, die Gift verspritzen, die Gehässigkeiten verbreiten, Unwahrheiten, Lügen oder Attacken publizieren, die deutliche Minderzahl der Postings ausmachen. Nach meinen Erfahrungen liegt die Verteilung zwischen Lob und Tadel bei etwa 9:1 auf den eigenen Portalen. Aber 2:1 „zugunsten" der Kritik und der Wutmeinung auf Hassplattformen wie der des „Standard", wo ein blendendes Geschäftsmodell vorsätzlich darauf abzielt, möglichst viele Klicks zu generieren (ist gleich Werbegeld), wenn man nur die Giftler, Trolle und Geiferer provoziert, sich auszukotzen. Mit üblen Fake-Attacken auf wen auch immer.

Ekaterina und ich nehmen das weitgehend gelassen hin. Man braucht eine dicke Haut, um das zu überstehen. Freilich habe ich in all jenen Fällen, wo ehrenbeleidigende, diskriminierende, unwahre oder geschäftsschädigende Äußerungen veröffentlicht wurden, ohne zu zögern, den Rechtsweg beschritten.

Mittlerweile gibt es – wie eine Tageszeitung berichtet hat – eine „Preisliste" unsererseits für Verfehlungen, wobei untergriffige Beschimpfungen gegen meine Frau am teuersten kommen. Die „Strafkosten" beginnen bei 1.500 Euro plus Anwaltsgebühren. Einige wenige sind uns durch die Lappen gegangen, weil sie sich so gut camoufliert haben, dass sie nicht auffindbar waren. Durch neue gesetzliche Regelungen in Österreich ist es möglich, den Medieninhaber zu zwingen, die Daten jener, die unwahre oder beleidigende Äußerungen auf deren Seiten publizieren, herauszurücken. Damit ist der Urheber meist schnell ausfindig gemacht. Ein Anwaltsbrief ist gewiss. Mit einem Vergleichs-, einem Veröffentlichungs- und Unterlassungsangebot. Danach folgt – wenn der Verfasser das ignoriert – gnadenlos die Klage.

Wobei sich jüngst gezeigt hat, dass jene, die dem Vergleich nicht zustimmen, deutlich schlechter bedient sind als jene, die begreifen, dass es ihnen jetzt an den Kragen geht. Im Schnitt 60 Prozent kostet ein Verfahren mehr als eine vergleichsweise Bereinigung gleich zu Beginn der Rüge durch meinen Anwalt.

Mittlerweile hat es sich herumgesprochen, dass mit den Muchas nicht zu spaßen ist. Und die Zahl derer, die glauben, an uns ihr Rache- oder Neidmütchen kühlen zu können, ist deutlich zurückgegangen. Zu groß ist die Angst, zur Kasse gebeten zu werden.

Dass unter jenen, die uns anpatzen, interessanterweise immer wieder Agitatoren von so manchen Konkurrenten, ehemalige Mitarbeiter, die bei uns nicht reüssieren konnten, und der eine oder andere – falsche und feige – persönliche Bekannte vertreten sind, hat uns – das gebe ich zu – dann doch überrascht. Und bestärkt mich in meiner Überzeugung, dass das „Sich-Wehren" der bessere Weg ist als der, in biblischer Gelassenheit die linke Backe auch hinzuhalten, wenn man eins auf die rechte gedroschen bekommen hat. Mit den Straf- und Entschädigungszahlungen konnte ich mir einen schmucken roten Mini Cooper finanzieren, der auf den Namen „Hasso" hört. Mein Zweit-Mini. Bezahlt von den anonymen „Standard"-Hasspostern. Ich fahre gerne damit. Es ist ein verdammt gutes Gefühl, dass den all jene finanziert haben, die uns hassen. Irgendwie müsste man das provozieren. Das wäre ein durchaus lukratives Geschäftsmodell.

Und zum Thema Neid: Da fällt mir jener Satz ein, mit dem ich in meinem Leben wohl am öftesten zitiert wurde: Vor vielen Jahrzehnten fiel mir das Statement „Wenn es uns gelänge, den Neid in Österreich wirtschaftlich zu nutzen, dann wäre unser Export höher als der von Japan" (die waren damals die Wirtschaftsweltmeister) ein. Den Neid muss man sich verdienen, sagt man. Er gehört zu den unvermeidbaren Stigmata des Erfolges. Und er ist die Bestätigung, dass man es geschafft hat. Was wenigstens ein klein wenig trösten mag, wenn man zu viel davon abbekommt ...

Wie kommt man in den Medien NICHT vor?

Von Robert Sommer

Haben Sie jemals davon gehört, dass die Queen eine Presseaussendung verschickt hätte? Handgefertigt? Selbst vor dem PC sitzend? Mit Earl-Grey-Tee und Apple Pie auf dem wackelnden Computertischchen. Zuerst die einprägsame Überschrift: „Elisabeth II. war joggen!" Und dann ein ausgefeilter Text, den stets gut recherchierende Journalisten der britischen Boulevardzeitung „The Sun" jederzeit nach Belieben aufmotzen können. Ein bisschen reißerischer, etwa: „Die Queen lief Marathon in zwei Stunden!" Man weiß ja nie, die Konkurrenz auf der Insel schläft bekanntlich nicht. Die vom „Daily Mirror" kommen noch auf die Idee, dass die bald 100-Jährige für die Olympischen Sommerspiele 2024 in Paris trainiert hätte …

Außerdem fügt die gekrönte Heldin ihrer eigenen Geschichte als Attachement zwei ausgesuchte Bilder an, wie sie in engen grünen Trainingshosen durch den Green Park trabt - eines davon neckisch von hinten aufgenommen, um ihre figurbetonte Sportbekleidung zu erkennen, und eines diskret, aber doch nicht zu dezent von der Seite, damit auch der naivste Leser sofort kapiert, um wen es sich bei diesem vermeintlichen Paparazzo-Foto handelt: um das weibliche Staatsoberhaupt herself, Majestät von Gottes Gnaden, ungewählt, aber auserwählt. Und senden! Und abmelden! Und aus! Ab ins Schlafgemach!

Tags darauf schlägt eben diese Hochwohlgeborene neugierig die Zeitungen auf, wieder bei derselben Sorte Tee mit Milch, diesmal aber mit Peach Pudding als Morgenmahl, und sucht nervös mit zittrigen Händen nach dem erwünschten Artikel. Man will ja präsent sein. Für Gott, Vaterland und vor allem sich selbst. Doch – shocking! Nichts davon auf der Seite eins vom so hochgeschätzten „Express"! Wie bitte? Das gibt's ja gar nicht! „Kammerdiener, man hole mir den Chefredakteur dieses Blättchens ans Telefon. Zum Rapport!" Man werde den Unsäglichen daran erinnern, dass aufgeschoben nicht aufgehoben bedeuten müsse. Das gelte auch für die Guillotine. „Oder hängen wir bei uns? Gott sei auf jeden Fall seiner Seele gnädig." Doch was muss man da im Palast verstört vernehmen? Besagter Delinquent sei erstens eine Frau und zweitens beim Friseur? „Auch den hinrichten! Und zwar immediately."

Aber dann folgt, bevor der Enttäuschten auf ihrem Frühstücksthron der nächste Bissen im Halse stecken bleibt, doch der erhoffte Stoßseufzer der Erleichterung: Auf die gute, alte „The Sun" ist wenigstens Verlass! Na ja, das Cover ziert zwar ein hässlich anmutender Außerirdischer mit zwei Köpfen, der mit Prinz Charles, dem nichtsnutzigen Sprössling, gleichgeschlechtlichen Oralsex vollzogen haben soll, aber der Dreispalter auf Seite zwei vom majestätischen Sporteln im Park wirkt einigermaßen attraktiv. Zumal gleich daneben ein buntes Inserat für Zäpfchen gegen Hämorrhoiden steht – und so etwas wird immer gern gelesen, da bleibt man zwangsläufig hängen! Außerdem ist das Bild der Queen größer als das beim Seitenaufmacher über Prinzessin Diana, die mittlerweile wiedergeboren sein soll und in der 44. Inkarnation mit an Sicherheit grenzender Wahrscheinlichkeit in Indien als Schuhputzerin ihr Dasein fristet.

Aber ist das Foto tatsächlich größer? Erste Zweifel kommen auf! In der Höhe ja, aber auch in der Breite? Es geht schließlich um die Fläche, nur um die Fläche! Der fortschreitende Astigmatismus der betagten Augen könnte in dieser für die Zukunft des Landes so entscheidenden Frage zu einer Täuschung führen. Man will ja wegen ein paar Zoll keinen Weltkrieg beginnen. Daher der schrille Ruf nach dem Verteidigungsminister, er erscheine, und zwar hurtig!

Daraufhin wird eine Krisensitzung des Nationalen Sicherheitsrates unter Vorsitz des Premierministers einberufen – der musste dafür seinen Kurzurlaub im sonnigen Thailand abbrechen und ist dementsprechend sauer wie die von eifrigen Kabinettsmitarbeitern eilig organisierten Fish and Chips. Der Marineminister rückt zur allgemeinen Beruhigung mit einem Sextanten an und versichert nach akribischen Messungen seiner verunsicherten Obersten Befehlshaberin, dass sie tatsächlich größer als Diana sei. Wenn man noch dazu bedenkt, dass laut eines Geheimberichts des Nachrichtendienstes MI5 exakt 59,77 Prozent der männlichen Bürger des Vereinigten Königreichs von Großbritannien und Nordirland besagte Zeitung falten und in ihre Sakko-Innentasche stecken würden, so dürfte sich der Knick genau im Gesicht der verschiedenen oder doch wieder lebenden Ex-Schwiegertochter befinden. Elisabeths Allerwertester sei hingegen straff und faltenfrei. Daraufhin wird der atomare Defense Code zur Verteidigung der Nation von Stufe sechs auf drei heruntergefahren.

Die Queen atmet erleichtert auf, zieht schwerfällig den an

einem goldenen Haken hängenden Purpurmantel über das graue Hausgewand und geht zufrieden mit ihren 38 Corgis rund um den Buckingham Palace spazieren. Sie plant dabei aufgrund des überragenden Erfolges im Geiste schon die nächste Presseaussendung: „Scarlett ist schwanger." Ihre Lieblingshündin könnte ja von einem UFO-Insassen, diesem Ferkel, beschmutzt worden sein. Die Anzahl der Köpfe sei noch offen.

Wie, bitte? Sie glauben das alles nicht? Eine Anekdote wie diese wäre doch nur das Produkt satirisch arbeitender Gehirnwindungen, aber in Wirklichkeit niemals möglich? Dann, bitte schön, kennen Sie die österreichische Gesellschaft nicht! In London eine Fiktion, in Wien allerdings Realität: Sogar die Episode mit dem Nachmessen eines Fotos ist gelebte österreichische Wirklichkeit. Ich habe sie bei einem Pressesprecher eines heimischen Landeshauptmannes tatsächlich gesehen und gehört – nur nicht in Zoll, sondern in Millimetern. Schließlich essen wir ja auch Apfelstrudel und keinen Apple Pie.

Wobei ich mich gleich in aller Form für den herabwürdigenden Ausdruck „Pressesprecher" entschuldigen möchte: Man darf ja auch nicht mehr „Mohr im Hemd" zu dem überaus beliebten Dessert sagen, sondern muss den weitaus menschenfreundlicheren Begriff „Othello im Smoking" verwenden. Oder so ähnlich. Vertreter dieses hoch angesehenen Berufsstandes ziehen in der neumodischen Sprache der Political Correctness die Bezeichnung „Medienberater" oder – im Falle eines leitenden Jobs, also zumindest mit einem Untergebenen – „Mediendirektor" vor. Früher waren sie Schulabgänger, heute sind sie Bachelor. Die Ausbildung kommt ungefähr auf das Gleiche hinaus.

Nachdem all diese „Experten" zumindest in der Unterstufe des Gymnasiums diverse Mathematikprüfungen bestanden haben, sind sie geradezu glühende Anhänger der sogenannten Quantitätstheorie. Diese besagt, dass die Häufigkeit des medialen Erscheinens wichtiger ist als der Wert der zu transportierenden Neuigkeit. Demnach lautet die Faustregel: Je öfter Politiker beim Beklatschen von siegreichen Schistars auf der VIP-Tribüne, beim fröhlichen Weintrinken in der Kaminstube eines Nobelheurigen oder beim unaufhörlichen Händeschütteln von Missen in In-Discos zu bestaunen sind, desto mehr Stimmen erhalten sie bei Wahlen. Mediale Zielobjekte sind dabei in erster Linie Fernsehen oder Zeitungen. Fürs Radio könnte man für all diese historischen Ereignisse auch noch einen O-Ton liefern.

In der Praxis sollte das somit auch für andere Bereiche des öffentlichen Lebens gelten: Je öfter etwa Opernsänger oder Kicker mediale Präsenz genießen, desto sicherer würden sie das hohe C oder das Tor treffen. So gesehen müsste Österreich eigentlich Fußballweltmeister sein, anstatt im internationalen Konzert nur die zweite oder dritte Geige zu spielen. Die traurigen Ergebnisse beweisen allerdings, dass die Quantitätstheorie ähnliche Lücken hat wie die Weisheit von Weltverschwörungstheoretikern, wonach die Erde eine Scheibe sei, von der die faulen Intellektuellen die anständig Arbeitenden permanent schubsen wollten.

Daraus kann man getrost den Schluss ziehen: Die wahren Promis unternehmen alles, um NICHT im Blätterwald verewigt zu werden. Sie wollen, dass KEIN Konterfei von ihnen in den Baumstamm einer Buche geritzt wird, um von den vorbeiziehenden Massen bewundert zu werden. Queen Elisabeth umgibt sich in Wahrheit mit einem Heer von Medienprofis, keinesfalls zu verwechseln mit Medienberatern, das 24 Stunden am Tag verbissen arbeitet, damit möglichst wenig Berichte über die Chefin erscheinen. Das funktioniert über direkte Kontakte zu den TV-Bossen, Herausgebern und Chefredakteuren, denen juristische Schritte oder - noch schlimmer - die Streichung von Inseraten und Werbeeinschaltungen staatlicher Großfirmen angedroht werden; oder mittels sanftem Druck auf einzelne Journalisten, ihnen überhaupt keine Informationen mehr aus dem Palast zukommen zu lassen. Das wirkt manchmal, aber nicht immer.

Sollte also ein royaler Paparazzo (die Bezeichnung für einen Fotoreporter, der gut versteckt in einem Gebüsch Meuchelbilder von Promis schießt, ist durch einen Film des italienischen Starregisseurs Federico Fellini weltbekannt worden) tatsächlich die Königin von Gottes Gnaden in unvorteilhaften Jogginghosen erwischen, dann gibt es nur drei Möglichkeiten:

1. Er selbst kommt tags darauf bei einem tragischen Autounfall ums Leben. Die Staatsanwaltschaft ermittelt natürlich nicht, warum der bekennende Antialkoholiker mit 3,5 Promille im Blut bei der letzten Kreuzung vor dem größten Verlagsgebäude der Hauptstadt gegen ein gepanzertes Fahrzeug der Regierung gekracht ist.

2. Kein Medium wagt die Veröffentlichung. In der Woche darauf wird die Presseförderung um 350 Prozent erhöht. Zusammenhang mit beiden Ereignissen besteht keiner.

3. Das Bild, das einem Boulevardblatt eine Million Pfund wert ist, erscheint, weil man sich dadurch eine Verzehnfachung der eigenen Auflage erhofft. Um vom Skandal des Jahrhunderts abzulenken, erklärt das Königreich den Vereinigten Staaten den Krieg.

Die Verhinderung medialer Präsenz kann also von lebenswichtiger Bedeutung für die Menschheit sein – das gilt, zumindest auf dem Papier, auch für Österreich. Nur ist diese Erkenntnis noch nicht zu allen rot-weiß-roten Mediendirektoren vorgedrungen. Außer ihr Kunde war sturzbetrunken. Dann verstehen auch die fanatischsten Anhänger der Quantitätstheorie, dass ihre Lehre gewisse Mängel aufweist.

Nehmen wir also an, ein hochverehrter heimischer Sportstar hätte einen Ordentlichen sitzen gehabt. Das wäre vor ein paar Jahrzehnten höchstens eine Fußnote am Stammtisch der journalistischen Insider gewesen. Ich weiß von glaubwürdigen Erzählungen durchaus erfolgreicher Teilnehmer an großen Schirennen, dass die vor dem Start gelegentlich noch ein paar Bier gezwitschert hätten und dann aufs Siegespodest flogen. Das war in den fröhlichen 70er Jahren noch möglich. Aber seit der Erfindung des Foto-Handys und dessen technischer Weiterentwicklung mit bewegten Bildern hat sich das Dasein der wirklich bekannten Menschen in unserem Land dramatisch verändert: Jetzt ist nämlich jedermann samt Frau ein Pseudoreporter, der überall und allerorts unwiderlegbare Beweise für das schräge Benehmen diverser Promis sammeln kann. Und weil Tageszeitungen ihre fehlende Aktualität – eigentlich müssten sie ja „Am-gestrigen-Tag-Zeitungen" heißen – durch bunte Internetseiten zumindest ein wenig wettmachen möchten, ist auch für nichtprofessionelle Promi-Watcher ein lukrativer Geschäftszweig erblüht: In Ermangelung eigener Exklusivstorys zahlen nämlich manche Blätter stolze Summen für Bilder oder Videos, auf denen Stars und Sternchen in misslichen Situationen zu sehen sind. Das würde zu ein paar Klicks mehr führen – sogar bei Jugendlichen, die klassische Massenmedien bekanntlich scheuen wie einen Freitagabend ohne Komasaufen ...

Wie gesagt: Gehen wir davon aus, dass ein Sportheld auf einem Clip deutlich angeheitert zu erkennen ist. Nicht in den 70ern. Sondern jetzt. Die Sequenz, in der er auf einem Volksfest von einem Tisch zum anderen taumelt, kann man nicht gerade ein Ruhmesblatt für den rot-weiß-roten Goldjungen nennen. Das Leben der Medienberater ist daraufhin auf den Kopf gestellt – wie das ihres berühmten Chefs auf besagtem Kirtag. Nun müssen sie sich allen Ernstes dafür einsetzen, dass der Prominente nicht oder kaum genannt beziehungsweise gezeigt wird. Dafür sind sie aber nicht ausgebildet. Die Verhinderung von Berichterstattung hat auf dem Programm des dreitägigen Crashkurses mit abschließendem Diplom gefehlt.

Demzufolge bleibt nur das Improvisieren, das ein wenig vom britischen Dreistufenplan abgekupfert ist – allerdings mit einem völlig anderen Inhalt:

1. Wimmern! Dabei wird an die menschliche Seite von Journalisten, mit denen man selbst schon zahlreiche gesellige Abende verbracht hat, appelliert. „Wir machen doch alle Fehler" wird in solchen Fällen als wissenschaftlich fundiertes Argument gerne in den Raum gestellt. Die Erfolgsaussicht ist allerdings deutlich geringer als bei einem Autounfall in Lon-

don, sie liegt bei nur 13 Prozent. Journalisten haben zwar des Öfteren eine Schlagseite, aber weniger eine menschliche. Ich weiß, wovon ich spreche: Ich bin selbst einer gewesen.

2. Winseln! Medienberater passen auf den Parkplätzen die jeweiligen Chefredakteure ab, werfen sich in aller Demut auf die Knie und klagen, dass sie bei der Verbreitung der filmischen Szenen ihren Job verlieren würden. Erfolgsaussicht: 7,5 Prozent. Man wird nicht Chefredakteur, wenn man zu viel Mitgefühl zeigt.

3. Weinen! Unsere Freunde, die medialen Experten, überreden die Marketingchefs von Sponsoren des gefallenen Idols direkt bei den Herausgebern anzurufen und mit dem Rückzug aller geplanten Inserate und Kooperationen zu drohen. Dabei werden sie von hysterischen Krämpfen geplagt, weil sie ja dieses unangenehme Telefonat nur auf Anordnung ihrer humorlosen Generaldirektoren führen müssten; sie selbst hätten ja ohnehin kein Problem mit der Veröffentlichung. Erfolgsaussicht in Österreich: 105 Prozent.

Solch ein Video erscheint also in unserem Land nur, wenn es der übereifrige Schlussredakteur eines Internetportals (das sind die ohne Diplom) kurz vor Mitternacht schlaftrunken und gedankenlos online stellt. In diesem Fall könnte unsere Regierung in Anlehnung an den dritten Punkt des Krisenplans des Vereinigten Königreichs zur Ablenkung der schockierten Bevölkerung ins Fürstentum Liechtenstein einmarschieren. Erfolgsaussicht: 0 Prozent. Unsere Soldaten haben nämlich meist auch einen sitzen und würden den Weg nicht finden.

Aber ganz im Ernst: Als Sport-Society-Reporter wurde ich immer wieder angefleht, die eine oder andere Geschichte zu „vergessen" – meist handelte es sich dabei um heiße Liebesaffären, die den häuslichen Frieden stören hätten können. Dazu muss man wissen: Im Olympischen Dorf geht's zu wie in einem Hasenstall. Wäre Rammeln eine Disziplin wie etwa Schwimmen, dann hätte Österreich wieder Chancen auf mehr Medaillen bei Sommerspielen. Nicht ganz grundlos wird den Athleten aus aller Welt beim Einziehen vom jeweiligen Organisationskomitee neben farbenprächtigen Wimpeln und Anstecknadeln auch eine Handvoll bunter Kondome überreicht – die reichen aber im Regelfall nur für zwei, drei Tage. Sportler sind bekanntlich voll im Saft, außerdem steht Viagra (noch) nicht auf der Dopingliste.

Manchmal bauen sich Olympiateilnehmer zwischen ihren anstrengenden Wettkämpfen auch noch weitere Liebesnester. Das hat durchaus verständliche Gründe: Ein einziger Geschlechtspartner reicht bei Weitem nicht aus, solch ein Megaevent dauert schließlich über zwei Wochen, die Wände im Dorf sind eher dünn, und kitschige Eifersuchtsszenen wären der Leistung weniger zuträglich. Man ist schließlich höchst motiviert und gibt alles für die geliebte Heimat. Ich habe daher schon erlebt, dass Medaillenhoffnungen sogar im Hotelzimmer von befreundeten Journalisten Sex hatten. Darüber zu berichten, während man selbst unten im Foyer am Laptop gerade einen spannenden Artikel über den 18. Platz einer begabten Synchronschwimmerin verfasst, wäre nun wirklich unmenschlich gewesen. Ich habe es nie gemacht.

Wer allerdings seine Beziehung offen zur Schau trägt, muss auch mit der folgenden Berichterstattung rechnen. Das war schon immer mein Credo. Einmal ging ein überaus prominenter Topathlet, der mit seltsamen Handlungen und krausen Aussagen schon vorher für den einen oder anderen Fauxpas gesorgt hatte, mit seiner Neopartnerin händchenhaltend durch ein volles Pressezentrum. Als dessen Medienberater von meinem Artikel (mit einigen Fotos!) Wind bekam, versuchte er ihn bei sämtlichen Entscheidungsträgern unserer Zeitung zu verhindern – zum Glück erfolglos. Denn seine Begründung stieß allen sauer auf, als hätten sie wie die Engländer ein paar Kilogramm Kirschpudding verdrückt: Die Geschichte über die neue Beziehung sei von ihm noch nicht freigegeben und dürfe daher nicht erscheinen.

Ähnlich süffisant war mein Lächeln auf die Bitte eines Promis, dessen Beziehung zu einer PromIN vorläufig nicht zu veröffentlichen. Er sei sich da noch nicht ganz sicher. Von Mann zu Mann, ich wisse schon, wovon er reden würde. Sie war zu diesem Zeitpunkt schon im siebenten Monat schwanger.

Auch bei Trennungen greift die Quantitätstheorie nicht immer: Gerade die, die sich gerne mit jedem Nasenbohren oder Zehennagelschneiden in der Öffentlichkeit prostituieren, kneifen, wenn eine Zweisamkeit prompt endet. Anscheinend schämt man sich auch im angeblich so aufgeklärten 21. Jahrhundert noch immer für einen derartigen Schritt: Zumindest einer oder eine scheint sich dabei stets als Verlierer(in) zu sehen. Auch hier kommt es des Öfteren zu den skurrilsten Argumentationen: Ich, einer der Größten meiner gepriesenen Zunft, der ungekrönte König des viel geachteten Aufdeckungsjournalismus, mit Sicherheit ein Anwärter auf den nächsten Pulitzer-Preis, würde von der aktuellen Liebesaffäre des Stars A. mit Starlet C. exklusive Bilder bekommen, wenn ich jetzt noch ein paar Tage lang die Scheidung des Herrn A. von seiner Ex-Gattin B. verheimlichen würde, hieß es. (Die Lobhudelei hilft übrigens in solchen Fällen immer, denn niemand ist eitler als ein gestandener Redakteur.) Nach einer Woche des gemeinsamen Schweigens erhielt ich vom Management die freundliche Mitteilung, dass die Neue an seiner Seite urplötzlich an einer ansteckenden Krankheit leide und professionelle Bildaufnahmen derzeit leider keinesfalls möglich seien. Ich solle mich noch etwas in Geduld üben. Nach zwei Wochen wurde ich informiert, dass die Zuneigung seinerseits etwas abgenommen habe und die Geschichte so nicht mehr ganz halten würde. Nach drei Wochen schrieb ich über das Ende der ursprünglichen Beziehung von Star A., und es brach überraschenderweise kein Weltkrieg aus.

Überhaupt sollte man sich als Gesellschaftsreporter weniger pfeifen und mehr das schreiben, was die Tauben von den Dächern – Sie wissen schon – pfeifen. Aber das ist in der Alpenrepublik, wo die Adler über den Berggipfeln ihre Kreise ziehen, wo Werte wie Familie, Ehre, Stolz und Rechtschaffenheit zählen, nicht immer möglich. Wir sind hier alle irgendwie verhabert – auch wenn sie diesen wienerischen Ausdruck in ländlichen Gegenden nicht so gerne hören. Das bedeutet so etwas Ähnliches wie „befreundet", aber nicht im engeren Sinn. Es kommt eher einer Seilschaft gleich, bei der man vor dem Letzten, den man für den weiteren Aufstieg nicht mehr benötigt, auch jederzeit einen Schnitt machen kann. In aller Kameradschaft natürlich. „Und Servus! Guten Flug!"

Fast alle, die man kennt, kennen sich in diesem kleinen staatlichen Gebilde im Herzen Europas auch untereinander.

Anders als etwa in Deutschland pflegen wir diese Nähe im verbalen Umgang. Dort wäre es zum Beispiel unmöglich, als Berichterstatter mit der Bundeskanzlerin oder einem Kanzler per du zu sein. Bei uns ist diese zwischenmenschliche Vertrautheit hingegen weit verbreitet: Ich selbst war in meiner Zeit als umtriebiger Society-Reporter mit kaum einem bedeutenden Politiker per Sie. Das „Du" wird sofort angewandt oder man rutscht während eines Smalltalks beim Zuprosten mit einem Glas Weißwein fließend hinein. Bis der eine oder andere umfällt. Das verbindet. Irgendwie. Man ist einander beim Aufstehen behilflich. Manchmal auch beim Aufstieg.

Das ist überhaupt ein spezielles österreichisches Virus, das sich in letzter Zeit ähnlich schnell verbreitet hat wie das chinesische Coronachaos: Im 16. Jahrhundert verwendeten die Bewohner in unseren Breiten bei Konversationen noch das Wörtchen „Ihr", also die zweite Person Plural. Auf diese Weise wurde der Angesprochene als Teil der Gruppe quasi zu mehreren Personen, womit die gewünschte Distanz gewahrt blieb. In Wien, vielleicht schon damals laut allen Umfragen die drittunfreundlichste Stadt der ganzen Welt, verliefen zufällige Begegnungen entfernter Bekannter wohl ungefähr so: „Wie geht es euch?" Antwort: „Uns? Der eine kann dich nicht leiden, der andere spricht schlecht über dich. Und der Dritte von uns denkt an gepfefferte Schimpfwörter." Da ein derartiges Verhalten zu schizophrenen Erkrankungen aller Art führte, wuchs die Berufsgruppe sündteurer Psychotherapeuten immer mehr an, und die Patienten gingen pleite.

Das war wohl auch ein Grund, warum man vom „Ihr" zum „Er" wechselte. Damit konnte man die scheinbare Abwesenheit des Gesprächspartners vortäuschen und sogar Beleidigungen salonfähig gestalten: „Er kann mich am Arsche lecken", ist als literarisches Götz-Zitat in die Umgangssprache eingegangen. Im Laufe der Zeit verschmolzen aber Ein- und Mehrzahl. Und daraus entstand die Anrede „Sie", die ein Pluralwort ist, aber singularisch verwendet wird. Die Aufforderung eines Edelmanns an einen Hofberichterstatter, „Ich wünsche keinen Artikel über meine Mätresse, Sie widerlicher Schreiberling", trägt immer noch eine gewisse Würde in sich.

Dieses Minimum an Respekt ist aber verblichen, wie so manche Zeitung von anno dazumal: Daher stehen wir hier und beerdigen in der heimischen Gesellschaft das „Siezen", das nur noch spießige Spaßverderber verwenden. Heutzutage kann es einem Journalisten leicht passieren, dass er von einem bodenständigen Politiker mit folgenden Worten zurechtgewiesen wird: „Herst, i wü nix von mein' Seitensprung lesen! Verstanden?" Wie schön wäre es doch, wenn man antworten könnte: „Ich kann dich nicht leiden, schreibe schlecht über dich und überhaupt: Du bist schwul."

Aber das ist reine Illusion: Nichts wird in österreichischen Medienkreisen häufiger unterdrückt als der bloße Gedanke an homosexuelle Neigungen bedeutender Persönlichkeiten! Hinter vorgehaltener Hand, ja, jederzeit, da sind wir voll dabei – aber etwas Offizielles dazu sagen? Oder sogar zu Papier bringen? Niemals! Ein Berliner Bürgermeister kann befreit rufen: „Ich bin schwul – und das ist gut so!" Ein deutscher Vizekanzler darf seinen Ehemann zu wichtigen Staatsbesuchen mitnehmen. Aber bei uns wird so etwas sogar über den, na sagen wir einmal, international bekannten Landesvater einer sonnigen Provinz totgeschwiegen. Dazu braucht es keine Mediendirektoren, Chefredakteure oder Herausgeber, das weiß jeder kleine Lehrbub, wenn er am ersten Tag ein Verlagshaus betritt. Er saugt das, wenn er in diesem Business groß werden will (und wer will das nicht?) quasi mit der publizistischen Muttermilch auf. Man ist auf du und du – aber nicht immer mit der Wahrheit!

Anders als in allen Ländern werden aber auch außereheliche Beziehungen geflissentlich unter den Teppich gekehrt, wenn sie heterosexuell sind. Als Silvio Berlusconi in Italien noch Regierungschef war, ließ er, so scheint es jedenfalls, bei diversen Boulevardblättern anrufen: „Buongiorno, buongiorno! Hier spricht der direttore dei media vom primo ministro! Was ist los mit euch? Schon vier Tage keine Story von Silvio, machen Bunga-Bunga mit Signorinas? Braucht ihr Fotos?" Ein deutsches Massenblatt zögerte keine Sekunde lang, als seine Reporter von einer außerehelichen Tochter Horst Seehofers erfuhren – trotz der ausführlichen Berichterstattung über das Hoppala erklärte Bayern Preußen nicht den Krieg. Der römisch-katholische Patriarch wurde stattdessen Parteichef der erzkonservativen CSU, Ministerpräsident des Freistaates und Bundesinnenminister. In Österreich hingegen gibt es sogar eine Journalistin, die von einem verheirateten Ex-Politiker ein Kind bekam – das Geheimnis preisgegeben hat aber weder sie noch irgendein Kollege. Bis heute! Wir wissen eben, was zu tun ist. Wir sind per du.

Kurz gesagt (und das ist natürlich keine Anspielung auf irgendeinen Bundeskanzler): Man liest, sieht oder hört in Österreich als Konsument im Großen und Ganzen nur, was die

Prominenten, Bedeutenden und Verehrungswürdigenden wollen, das man liest, sieht oder hört. Deswegen sind wir ja auch so ein zufriedenes Volk, das auf einer kleinen, aber feinen Insel der Seligen wohnt, wie schon einmal ein Papst festgestellt hat. Und der ist schließlich unfehlbar. Eine Scheinwelt aus Zuckerwatte, an der wir alle täglich knabbern, lässt uns den Glauben an ein süßes Leben erhalten.

Die Kontrolle über die Berichterstattung erfolgt aber in unserer Demokratie nicht immer so subtil, wie bereits geschildert: Das im Dreistufenplan ausführlich erklärte Auf-den-Boden-Werfen ist zwar die typische österreichische Form, etwas ganz Bestimmtes bei seinem Gegenüber erreichen zu wollen. Gelegentlich geht es allerdings auch recht herrisch zu – vor allem wenn die medialen Angriffe deutlich unter der Gürtellinie platziert sind und es um die Verteidigung unserer Grundwerte geht, also um Frieden und Freiheit. In solchen Fällen treten routinierte Mediendirektoren, die schon älter als 20 Jahre sind und somit eine gewisse Erfahrung mit journalistischen Rotzlöffeln aufweisen, vor den Vorhang. Ihre geharnischten Protestanrufe über einen allzu kritischen, geradezu hinterhältigen Kommentar können einen Störenfried sogar dann ereilen, wenn die Ausgabe noch gar nicht erschienen ist.

Ein Beispiel: Der mutige Redakteur S. berichtet in seiner viel gelesenen Kolumne mit grenzwertigen Formulierungen, dass die Krawatte des Regierungsmitglieds F. beim Interview mit dem öffentlich-rechtlichen Fernsehsender im Farbton so gar nicht zu dessen Anzug gepasst habe. Es ist 16.17 Uhr, und er schaltet den Computer aus, weil er noch zu einer Pressekonferenz des Oppositionschefs fahren möchte. Dem ist der modische Fauxpas ebenfalls aufgefallen, und er fordert den Rücktritt des Bundeskanzlers, sämtlicher Minister und des dafür verantwortlichen Schneiders.

16.18 Uhr – das Handy von S. läutet. „Hier ist der Mediendirektor K. des überaus erfolgreichen Regierungsmitglieds F.! Was erlaubst du dir?" Wie gesagt: Wir sind per du.

S.: „Was meinst du?"

K.: „Die Kritik am modischen Stil unseres politischen Ausnahmetalents ist ein Angriff auf die Demokratie. Sie darf nicht erscheinen!"

S.: „Woher weißt du denn überhaupt davon?"

K.: „Das geht dich gar nichts an!" (S. hört wie im Hintergrund das zweite Mobiltelefon des Mediendirektors summt und dessen leise, aber doch deutliche Stimme: „Hallo, L., danke für deine SMS. Rufe dich gleich zurück!" L. heißt auch der befreundete Kollege von S., der mit ihm im selben Büro sitzt. Der wird doch nicht? Ganz sicher nicht! Oder?)

S. (noch halbwegs selbstbewusst): „Sprichst du jetzt mit mir oder jemand anderem?"

K. (wie gesagt, erfahren mit solch aufsässigen Typen): „Nicht frech werden! Das hilft dir jetzt auch nicht mehr."

S. (sieht seinen Fehler langsam ein): „Tut mir leid, was kann ich tun für dich?"

K.: „Wenn das so morgen in der Zeitung steht, bekommst du große Schwierigkeiten, mein Lieber, das garantiere ich dir. Also, drehe den PC wieder auf! Ich diktiere."

S. (überrascht): „Wieso weißt du überhaupt, dass ich meinen PC schon ausgeschaltet habe?"

(Kollege L. räuspert sich verlegen.)

K. (immer schroffer im Ton): „Also, ich diktiere: Die Krawatte des mit aller Umsicht agierenden Regierungsmitglieds F., um dessen politisches Werk uns ganz Europa - nein, streich das! - die ganze Welt beneidet, ist in farblicher Übereinstimmung mit dem Anzug ein wahres Sinnbild für sein außerordentliches Schaffen. Ein harmonisches Miteinander, das uns wie ein leuchtender Komet den Weg in eine strahlende Zukunft weist. Gott schütze diesen Mann und, wenn er Zeit hat, auch noch die ganze Republik."

Der vor Angst mittlerweile zitternde S. bedankt sich artig, grüßt höflich, schreibt den Kommentar wie gewünscht um und informiert den enttäuschten Mediendirektor des Oppositionschefs, dass er doch nicht zu dessen Pressekonferenz kommen könne. Sicher ist sicher: Das sei sonst ein Verhalten, das man ihm negativ auslegen würde. Man wisse ja nie.

Kollege L., bis jetzt nur durch das Räuspern aufgefallen, meint daraufhin freundlich: „Du hast ja jetzt Zeit. Gehen wir noch auf ein Bier?" S. nickt. Warum auch nicht?

Nun, liebe Leserinnen und Leser, Sie werden sich jetzt gewiss fragen, ob ich derart satirische Begebenheiten auch in der realen Welt erlebt habe? Na ja, darauf kann ich leider nicht antworten! Ich habe gerade meinen Computer ausgeschaltet.

Heldenmut ist nicht unbedingt eine Voraussetzung, um in unserem Land publizistische Karriere zu machen. Ich weiß, wovon ich spreche. Eine kleine Aufzählung von dem, was ich als Society-Reporter alles verschwiegen habe, gefällig? Bitte sehr: Sex des Promis mit der Frau des besten Freundes, Sex des Promis mit dem Mann des besten Freundes, Sex der besten Freunde untereinander, Festnahmen durch die Polizei nach Raufereien mit Türstehern von Nobeldiskotheken, alkoholbedingte Führerscheinabnahmen, Autounfälle mit mehr als einem Promille im Blut, kettenrauchende und/oder betrunkene Sportpolitiker beziehungsweise Spitzenfunktionäre, private Schulden von öffentlich gefeierten Volkshelden bis hin zum totalen Bankrott, schwere Börsenverluste, dubiose Finanzgeschäfte und diverses Suchtverhalten wie triebhaftes Glücksspiel. Natürlich bin ich noch immer mit allen Betroffenen per du ...

Die rot-weiß-rote Gesellschaft ist eben ein komplexes, multifunktionales System, das wie eine gut geölte Maschine funktioniert: Die verschiedenen Arme greifen geradezu perfekt ineinander; schert einer dieser Körperteile aus, wird er wie in den Terminator-Filmen mit unserem Landsmann Arnold Schwarzenegger in der Hauptrolle ausgerissen und durch einen neuen, angepassten ersetzt. Das tut gar nicht weh. Man ist nur nicht mehr dabei.

Es ist eigentlich ein Paradoxon: Ich war in meiner Funktion ein Teil des Ganzen und wusste daher über alles Bescheid. Hätte ich allerdings über das alles geschrieben, wäre ich kein Teil des Ganzen mehr gewesen und hätte über nichts mehr Bescheid gewusst.

So entschied ich mich für das Unverfängliche: Ich war sozusagen mein eigener Zensor, mein innerer Mediendirektor. Das ersparte mir die meisten weinerlichen oder herrischen Anrufe. Oder auch unangenehme Gespräche oder böse Blicke in VIP-Clubs großer Sport- oder Kulturevents, in dem Kritiker und zu Kritisierende meist gemeinsam am Buffet stehen. Sofern sie sich nicht schon vorher an der Schampusbar zugeprostet haben. Ich wollte gemocht, nicht verachtet werden. Schließlich bin ich Österreicher - und diese Haltung ist genetisch bedingt, also schon seit der Zeugung ein Teil des großen Plans, dafür muss man sich nicht entschuldigen. Die Franzosen mögen vielleicht die besseren Liebhaber sein, wir haben uns dafür mehr lieb. Das garantiert auch irgendwie ein geiles Leben - zumindest in gewissen Kreisen.

Ganz besondere Popularität genießen daher in unserem Land sogenannte Home-Storys, auf die sich die Politiker, Sportler, Sänger oder Schauspieler, natürlich auch die -innen, wochenlang akribisch vorbereiten. So können also bis zum Eintreffen der bis ins kleinste Detail recherchierenden journalistischen Wühlmäuse sämtliche Leichen im Keller versteckt werden: Das Fell des vernachlässigten Katers wird in dieser Zeit ordentlich herausgeputzt, dem kläffenden Köter bei einem Schnellkurs in der Hundeschule ein kultiviertes Benehmen beigebracht, der kulinarisch völlig desinteressierten Gattin das Kochen gelehrt und dem gefühlskalten Landesrat ein Hauch von Empathie eingepflanzt. Solche Geschichten sind überaus beliebt, vor allem vor und zu Festtagen: eine heile Familie, die rund um den Adventkranz sitzt und nach dem Mahl Weihnachtslieder anstimmt; oder gemeinsam Ostereier bemalt; oder den Geburtstag der jüngsten Tochter feiert, den der berühmte Papa in Wahrheit dreimal hintereinander vergessen hat.

„Hier kann ich Kraft tanken!" Eine Aussage, wie gemacht für eine Schlagzeile. Wie oft habe ich die eigentlich verwendet? Wie oft habe ich sie sogar schon vor dem eigentlichen Interview im Haus oder in der Wohnung des Betroffenen ins Layout geschrieben? Wozu warten? Wir kennen die Antwort: Das Leben ist schön, das weiß man doch. Süß wie Zuckerwatte.

Ähnlich g'schmackig sind auch die meisten Aussagen bei Interviews und Pressekonferenzen, denen nur ein einziges Motiv zugrunde liegt: möglichst NICHT auf die konkreten Fragen zu antworten, sondern die eigene Botschaft ans Volk rüberzubringen, ganz gleich wie das eigentliche Thema der Sendung lautet. Meist ist besagte Botschaft eher nichtssagend, ihr Ziel ist nur ganz selten die Information, vielmehr das Ablenken vom eigenen Versagen durch das völlige Einlullen des Volkes, das in beschaulicher Sicherheit gewogen werden soll. Wer schläft, hinterfragt auch nichts. Dafür gibt es zwei taktische Varianten, die immer funktionieren. Vor allem in Österreich.

1. (Meist von Politikern verwendet): Man betritt unter dem Applaus der Mitarbeiter des öffentlich-rechtlichen Senders ein Fernsehstudio, wird von der Visagistin geschminkt und nimmt auf dem heißen Stuhl vor der Kamera Platz.

Der Moderator beginnt das Gespräch, in dem er zum Beispiel wissen will: „Sehr geehrter Herr Finanzminister! Das Budgetdefizit ist um 54 Milliarden Euro höher als erwartet. Haben Sie sich verrechnet?"

Das Fiskalgenie lächelt: „Vielen Dank für diese wunderbare Frage, die ich im Namen meiner Millionen Wähler mit großer Freude und ebensolcher Exaktheit beantworten möchte. Rechnen ist ein ganz wichtiges Gut in unserer Gesellschaft. Ich rechne damit, dass das österreichische Nationalteam bei der Fußball-Europameisterschaft zumindest das Viertelfinale erreicht. Ich ersuche alle Landsleute ganz fest die Daumen zu drücken. Unsere Spieler benötigen diese Energie, um über sich hinauswachsen zu können und dieses große Ziel zu erreichen."

Moderator: „Das war nicht meine Frage!"

Fiskalgenie: „Sind Sie etwa kein Patriot?"

Moderator (stotternd, weil schon leicht aus der Fassung gebracht): „Oja, schon ... aber ... äh ... die 54 Milliarden, bitte ..."

Fiskalgenie: „Ich finde das unerhört und typisch für den Staatsfunk, dass Sie gerade in Zeiten, in denen wir alle zusammenhalten sollten, unsere stolze Nation auseinanderdividieren wollen. Ich sage Ihnen eines: Wir kommen ins Viertelfinale! Und je mehr Sie mich mit ihren hinterhältigen Fragen provozieren, desto stärker wird auch mein Glaube an unsere geliebte Heimat: Ich rechne jetzt sogar damit, dass wir Europameister werden! So - was sagen Sie jetzt?"

Der TV-Mann schluchzt verzweifelt, und dem Politiker ist es gelungen, mit dem katastrophalen Schuldenstand NICHT in den Medien vorzukommen.

2. (Meist von Sportlern verwendet): Nach schweren Niederlagen keinesfalls auf die wahren Ursachen des Debakels eingehen - also möglicherweise die eigene Faulheit beim Training, mangelnde Einsatzbereitschaft oder überhaupt fehlendes Talent für diese Disziplin -, sondern irgendwelche Plattheiten in die Mikrophone stammeln. Die sind zuvor schon von unseren Freunden, den Medienberatern, in wochenlanger Kleinarbeit entworfen und vom Kleinhirn des Athleten gespeichert worden, also auswendig gelernt. Wenn etwa ein Schispringer, in der blumigen Sportjournalistensprache gerne Adler genannt, eher wie ein versehrter Sperling gehüpft ist, so könnte sich

natürlich die Frage aufdrängen: „Warum, um Himmels willen, sind Sie 30 Meter hinter der Konkurrenz gelandet?"

Antwort des Vogels: „Der Luftraum ist der größte Flugzeugträger."

Reporter: „Wie bitte?"

Antwort: „Um nicht aufzuschlagen, wenn man sich fallen lässt, muss man selbst das Fliegen lernen."

Reporter: „Aber Sie sind Letzter! Ist Ihnen das völlig egal?"

Antwort: „Die Kraft des Adlers im Flug bewährt sich nicht dadurch, dass er keinen Zug in die Tiefe empfindet, sondern dadurch, dass er ihn selbst zum Mittel seiner Erhebung macht." (Das Ganze natürlich im westösterreichischen Dialekt, also im Bauerndeutsch.)

Reporter (im gepflegten Hochdeutsch): „Danke für das Gespräch."

(Auch hier ist es gelungen, den wahren Gefühlszustand, also puren Frust und tiefe Verzweiflung über die katastrophale Platzierung, geschickt in den Medien verbergen zu können.)

Übrigens: Niemand möge sich über das ungewöhnliche Sie in den offiziellen Interviews wundern, das vertraute Du wird dabei nur verheimlicht – das wünschen sich nämlich die Generaldirektoren, Herausgeber und Chefredakteure von ihren Journalisten. Mit dem „Siezen" soll den Zusehern und Lesern kritische Distanz vorgespielt werden, die es in unserem Land natürlich nicht gibt. Wir haben uns nämlich, wie schon mehrmals erwähnt, alle gern. So richtig gern.

Daher habe ich gestern auch mit grenzenlosem Optimismus meine aktuelle Presseaussendung an alle mir bekannten Medienvertreter unserer Heimat gemailt. Natürlich in diesem ganz besonderen Stil, einzigartig, wie meine satirischen Geschichten eben sind. Man bezeichnet mich ja mittlerweile, wie Sie sicher wissen, als „Ephraim Kishon der Alpen", und ich möchte als erfolgreicher Schriftsteller, dass möglichst viel über meine Werke berichtet wird. Das erhöht schließlich die Popularität und steigert die Verkaufszahlen.

Mit großer Vorfreude, aber doch etwas angespannt, blättere ich heute Morgen in den Tageszeitungen, die mir meine liebe Ehefrau und Managerin mit einem Lächeln im Gesicht wie immer auf den Frühstückstisch neben die Kaffeekanne und den Teller mit den beiden Buttersemmeln gelegt hat. Ihre seltsame Mimik macht mich allerdings etwas nervös. Wieso grinst sie so? Ist das schelmisch gemeint, höhnisch oder doch anerkennend? Selbstsicherheit oder Enttäuschung? Ein gutes Zeichen oder ein schlechtes? Weiß sie vielleicht schon alles? Hat sie schon nachgeschaut? Steht viel über mich drinnen? Oder am Ende gar nichts? Mein Blutdruck steigt jedenfalls. Es sind Sekunden wie vor einer Hinrichtung: Dead man walking, Poet zitternd. Ich würde mich am liebsten tot stellen.

Die größte Zeitung des Landes liegt natürlich ganz oben auf dem Stapel, wie es sich der guten Ordnung halber gehört. Ich kontrolliere in Windeseile alles, von der Politik bis ganz hinten zum Sport, aber ohne Erfolg. Nichts! Wie, bitte, kann denn so etwas passieren? Die sensationelle Mitteilung, dass ich mit meinem neuesten Buch, einem echten Meisterwerk, in der Hand bis auf den Gipfel des 425 Meter hohen Kahlenbergs gewandert bin, ist denen nicht einmal einen Zweispalter mit Bild wert? Natürlich: Die Jungen. Ganz sicher. Kein Gefühl für eine gute Geschichte! Den Nachwuchs kannst du vergessen, das war mir schon lange klar. Und seitdem ich dort nicht mehr tätig bin, haben die überhaupt jedes Gefühl für Qualitätsjournalismus verloren. Also weiter zum zweitgrößten Blatt! Das war mir ohnehin schon immer sympathischer. Aber was müssen meine traurigen Augen da erblicken? Auf dem Cover die britische Königin, die in irgendeinem Londoner Park in einer grünen Hose joggt? Das nennen die allen Ernstes „Story des Jahres"? Lächerlich! Doch Halt, auf Seite 3, endlich, da bin ich. Welch ein Adrenalinstoß! So muss sich auch ein Sportler nach dem Olympiasieg fühlen. Der Lohn für die harte Arbeit. Die Gänsehaut rieselt meinen Rücken hinunter. „Autor auf dem Kahlenberg!" Welch herrliche Schlagzeile! Und eine farbenprächtige Anzeige für homöopathische Tropfen gegen Blähungen aller Art füllt noch dazu den grafischen Freiraum rechts neben dem Titel. Ich platze vor Freude.

Die Begeisterung über die triumphale Berichterstattung hält allerdings nur wenige Augenblicke an. Schließlich haben die auf dieser Seite auch noch einen Artikel mit einem anderen Foto platziert – gut, für ein besonders attraktives Layout war man in dieser Redaktion ohnehin nie bekannt. Aber solch ein Fauxpas? Über dem Dreispalter, in dem über mich berichtet wird, steht noch etwas von einem jüngeren Mann, angeblich einem weltbekannten Wissenschaftler, der irgendeinen Preis eingeheimst haben soll? Nobel, oder wie? Keine Ahnung! Interessiert ohnehin niemanden.

Ist dessen Bild tatsächlich größer als das von mir auf dem Gipfel meines Schaffens? In der Höhe ja, aber auch in der Breite? Ich brauche dringend ein Maßband: Es geht schließlich um die Fläche, nur um die Fläche! Ich rufe aufgeregt nach meiner

Gattin, denn ich will ja wegen ein paar Millimeter nicht gleich einen Weltkrieg beginnen ...

Auch sie findet keine exakte Antwort auf die Frage aller Fragen! „Vielleicht gleich groß", schüttelt sie wegen meiner penetranten Unzufriedenheit verständnislos den Kopf. Und mir ist in diesem Moment sonnenklar: In der nächsten Presseaussendung lasse ich einen Außerirdischen meine Bücher lesen. Einen mit zwei Köpfen. Mindestens.

Wie wird man in Österreich berühmt?

Von Christian W. Mucha

In diesem Kapitel geht es um die Berühmtheit. Die echte. Die internationale. Und nicht die eines nationalen D-Promis, der ein „One-Day-Wonder" hinlegt. Es geht um die Qualität der langen Strecke. Um den Neid. Um die Feinde. Und darum, wie man jene, die einem im Weg stehen, elegant bestraft. Maßregeln sollte. Denn die Rache hat etwas Reinigendes. Und warum man die sich doch bisweilen besser spart, lesen Sie in den versöhnlichen Zeilen dieses Buches.

Wenn man so viel unterwegs und so gut vernetzt ist wie ich, dann kommen einem die verrücktesten Typen unter. Und da ich mich für Menschen wahrhaftig interessiere, mir immer meine eigene Meinung über sie bilden wollte und es als überaus spannend empfand, außergewöhnliche Persönlichkeiten von Angesicht zu Angesicht kennenzulernen, kam ich in den Vorzug, meinen Horizont laufend zu erweitern. Genau das braucht es als Grundvoraussetzung, wenn man reich und erfolgreich werden will. Nun weiß jeder, der mich besser kennt, dass ich weniger an die Fortune denn an die harte Arbeit, den Einsatz, den starken Erfolgswillen und eine nachhaltige Zähigkeit, seine eigenen Wünsche in die Realität umzusetzen, glaube. Daher tue ich mir schwer, zu schreiben, dass das, was mir in meinem Leben geglückt ist, auf schicksalhafte, also zufällige, Fügung zurückzuführen ist. Aber natürlich ist ein wesentlicher Regieassistent des eigenen Lebens Meister Zufall. Mein erster Geschäftspartner hatte als sogenannter „landed immigrant" in New York gelebt und kannte viele Intellektuelle im Big Apple. Er war mit Ernest Dichter, dem Vater der Motivforschung, befreundet. Den wir prompt gemeinsam in New Jersey gleich zu Beginn unseres gemeinsamen Verlagsabenteuers besuchten. Dichter hat mir viel über Logik, über strategisches Denken und über Kreativität beigebracht. Von ihm habe ich aber auch gelernt, keine Angst vor großen Namen zu haben. Nicht vor Furcht zu erstarren, wenn ich einem Einflussreichen, einem Mächtigen, einem Bekannten oder Berühmten gegenüberstehe.

Zumindest hat Dichter versucht, mir das näherzubringen. Mit wenig Erfolg. Denn knapp danach machte ich eine Kreuzfahrt mit der „Royal Viking Sea" – einem Kreuzfahrtschiff, das – für damalige Zeiten eine Sensation – in der Mitte auseinandergeschnitten und um einige dazu geschweißte Meter verlängert worden war. Die Jungfernfahrt des aufgedoppelten Sandwiches führte ums Nordkap. Ich war dabei.

Und wie die Fügung es wollte (ich hatte mir in selbstüberschätzendem Größenwahn eine Suite geleistet, deren Kosten für zehn Tage vier fette Monatsgehälter ausmachten), waren meine Nachbarn ein altes Ehepaar. Und als ich an einem Nachmittag zu meiner Suite ging, traf ich dort auf eine völlig verzweifelte Lady, die den Schlüssel zu ihrem Gemach abgebrochen hatte. Damals gab es noch echte Schlüssel. Mit Bart. Filigran. Also machte ich mich daran, ihr zu helfen. Und da der Schlüssel endgültig hinüber war, organisierte ich einen Steward, offerierte ihr den Waschraum in meiner eigenen Suite (den sie äußerst dringend benötigte) und half ihr.

Kurz darauf tauchte der Ehegespons auf. Ein kleiner, dicker Amerikaner. Die beiden bedankten sich überschwänglich und luden mich vor dem Dinner auf einen Cocktail an einer der eleganten Schiffbars ein. Die untrüglichen Zeichen und Signale, an denen man die wahrhaftig Reichen erkennt, die Maßschuhe, das Monogramm auf dem Maßhemd, die Patek Philippe mit der Complication kannte ich damals noch nicht. So weit war ich noch nicht vorgedrungen in die Materie „styles of the rich and famous". Nur eines verstand ich: Die ungefähr 70-jährige Dame trug eine außergewöhnlich schöne Perlenkette. Und was redet man mit zwei betagten Menschen als junger Bursch? Also fasste ich mir ein Herz und versuchte es mit: „Wenn Sie mir die Frage erlauben, Madame: Sie haben da eine wunderschöne Perlenkette. Ich liebe Schmuck. Wollen Sie mir etwas darüber erzählen?" Sie begann in der Sekunde von innen her zu strahlen. „Sie haben einen guten Blick, junger Mann", meinte sie. „Diese Perlenkette besitze ich zweimal. Einmal im Original und einmal als Kopie ..."

Ich hatte eine vage Ahnung, was so etwas kosten könnte. Hatte mich doch ein Freund wenige Monate davor zu „Tiffany" geführt und ein Privatissimum über Diamanten und Schmuck gegeben. Und war danach mit mir zu einem Juwelier namens „Stern" gegangen, der in Nord- und Südamerika die Superreichen ausstattet. Ich ahnte, dass diese Perlenkette (damals lag der Dollarkurs bei 25 Schilling und war eine unglaublich starke Währung) wohl bei 20.000 bis 30.000 Dollar liegen würde. Dem doppelten Jahresgehalt eines Gutverdieners in Österreich.

Doch die nette Dame plauderte schon weiter: „Erinnerst du dich noch, Liebling?", stellte sie eine fiktive Frage an ihren Ehegespons, der mit zusammengekniffenen Lippen ihren Worten lauschte und wohl mit Entsetzen an die Akquisition der Perlenkette zurückdachte. „Die hast du mir zu unserer Verlobung gekauft. Damals. 1954. Bei Van Cleef & Arpels." Jetzt erschauderte ich innerlich. Denn mir war in der Sekunde klar geworden, dass ich an den Preis von vorher angesichts dieses Namens eine fette Null anhängen musste. „Ein tolles Geschenk", überspielte ich meine Verlegenheit und starrte den kleinen Dicken an. „Ich habe Ihren Namen schlecht verstanden, Sir", log ich. „Masius", sagte er. Und in dem Moment klingelte es mehrfach in meinem Gehirn. Als Verleger einer Werbefachzeitschrift wusste ich, dass es da eine weltweite Agentur namens D'Arcy MacManus & Masius gab. Und dass die gerade einen Riesendeal an Land gezogen hatten. Und dass der Mann, der mir da gegenübersaß, unzweifelhaft vielfacher Dollarmillionär war. Sprich Multimilliardär in österreichischen Schilling.

Masius quittierte meine aufgerissenen Augen mit einem Lächeln. „Sie wissen, was ich mache?", fragte er. „Sie sind DER Masius?", sagte ich. „Yes, Sir", antwortete er gelassen. „Wow", sagte ich. „Dann sind Sie wohl der reichste Mann, den ich persönlich je kennengelernt habe." Da beugte sich der kleine Mann zu mir herüber. Und seine Worte haben wahrhaftig mein Leben verändert. In seinem feinsten Englisch flüsterte er mir so, dass es seine Frau nicht hören konnte, zu: „Haben Sie keine Angst vor anderen Leuten, nur weil die reich sind. Ich verrate Ihnen jetzt ein ganz großes Geheimnis: Ich rülpse und furze genauso wie Sie und alle anderen Menschen auf dieser Welt."

Jedes Mal, wenn ich auf Zeitgenossen traf, die außergewöhnlich sind, die Weltbewegendes geleistet haben oder die sich zu wichtig nahmen, habe ich mich an diese Sätze erinnert. Ob im „Anassa"-Hotel auf Zypern, wo sich die lockere Sharon Stone keinen Deut darum scherte, wenn die Urlauber sie fotografierten (und dokumentierten, dass eine der sexiest Ladies alive das Schicksal von hunderttausenden Gleichaltrigen, was Cellulite betrifft, teilte); wenn Michael Douglas sich rühmte, in seinem Flieger vier Reitpferde mit auf die Reise genommen zu haben; oder wenn Jean-Paul Belmondo den Fans, die immer da waren, mit unglaublicher Ruhe und Gelassenheit entgegentrat.

Ich habe freilich auch die Erfahrung gemacht, dass jene, die sich ganz besonders aufblähen, die sich wichtigmachen, die zickig sind, den großen Zampano heraushängen lassen, oft am wenigsten zu bieten haben. Es sind die C- und D-Promis, die glauben, sich besonders aufplustern zu müssen.

Zurechtgerückt hat das Aufplustern in meinem Fall der „Krone"-Society-Reporter Roman Schliesser. Bei irgendeinem Gespräch überraschte er mich mit einer besonders schmerzlichen „Volte". Und durchbohrte mich mit dem Satz (ich hatte mich, um bescheiden daherzukommen, besonders zurückgenommen und mein Licht unter den Scheffel gestellt): „Mochen's Ihna ned so klein, Herr Mucha. So groß san Sie ah ned ..."

Nur allzu oft habe ich in meinem Leben Selbstdarsteller, Aufgeblasene und Wichtigtuer kennengelernt. Oder besser gesagt: kennenlernen müssen. Aus geschäftlicher Ratio, weil die netzwerkmäßig wichtig waren. Oder weil sie einfach an den Entscheidungshebeln des Geldes saßen, die ich brauchte, um meine journalistischen Träume zu erfüllen. Wohl hunderte Male saß ich Menschen gegenüber, die allen Ernstes überzeugt davon waren, mich mit ihren Werbebeiträgen, die eigentlich nebbich waren, in meinen Medien gekauft zu haben. Motto: Hier sind 10.000 Euro. Und jetzt tanz nach meiner Pfeife, Mucha-Dackel!

Ich erinnere mich noch an den Manager einer Salzburger Brauerei, deren Namen ich nie nennen werde, selbst wenn man drohte, mich über unsere Verlagstreppe zu stürzen, der mir vor Jahrzehnten auf unglaublich penetrante Art und Weise auflistete, welche Leistungen er von mir für einen läppischen Werbebeitrag erwartete. In solchen Momenten kann es durchaus vorkommen, dass ich wütend werde. Und zur Höchstform auflaufe. Dann formuliere ich schnell. Und beinhart. Und das merkt sich der Gesprächspartner. Ich habe, solange er dort tätig war, nie wieder Geschäfte mit ihm gemacht. Und er einen großen Bogen um mich. „Ich habe Sie verstanden, Herr XY", repostierte ich auf seine dreisten, völlig unseriösen Wünsche an einen Medienunternehmer. „Lassen Sie mich Ihnen eine kleine Geschichte erzählen. Und zwar diese:

Ludwig XV. war schönen Frauen niemals abgeneigt – sein Verhältnis mit Madame Pompadour ging ja in die Geschichte ein. Immer wieder führten seine schleimigen Höflinge der Majestät aber auch noch andere Gespielinnen zu. Eines Abends beim Dîner stach dem König eine außergewöhnlich hübsche junge Dame ins Auge. Da der Regent sich seiner Sache sicher war, wählte er den direkten Weg: „Madame, wenn ich Ihnen zwanzig Louis d'Or gebe, wollt Ihr dann die heutige Nacht mit mir verbringen?", fragte er sie unverblümt. Die junge

Rose errötete. „Majestät, vergebt mir. Aber eine solche bin ich nicht", stammelte sie. Denn irgendwie hatte sie niemand darauf vorbereitet. Dabei waren zwanzig Louis d'Or ein stattlicher Preis für eine Liebesnacht. Immerhin erhielt man dafür eine feine Wohnung in Paris mit einer Zofe und konnte die Lebenskosten von einem ganzen Jahr bestreiten.

Der König verzehrte seine Kapaune, sprach ausführlich dem Rotwein zu und machte zwei Stunden später einen weiteren Vorstoß. „Für 1.000 Louis d'Or, Madame?" Das war ein fürstlicher Preis für eine Nacht. Ein Haus in Paris, ein Landhaus, Dienerschaft, gutbürgerlich ausgesorgt bis ans Ende aller Tage. Verrückt, wer einen solchen Liebeslohn ablehnte. Doch die junge Frau biss sich die Unterlippe blutig und schüttelte verzweifelt den Kopf.

Einige Flaschen Rotwein später, die Nacht war schon fast vorbei, machte der König einen letzten Versuch. „Wenn Ihr mir jetzt in mein Gemach folgt, bis der Morgen herandämmert, dann gebe ich Euch 100.000 Louis d'Or", lallte er. Das war das, was die Franzosen mit dem englischen Begriff „fortune" bezeichneten. Ein Ausdruck, der für „Vermögen" stand. 100.000 Louis d'Or – das war ein kleines Schloss in Paris, ein Landschloss, Dienerschaft, ausgesorgt bis ans Ende aller Tage. Die junge Dame knickte ein. „Darf ich Euch Geleit geben, Majestät?", hauchte sie. Doch der König reckte sein Haupt, legte es schief und meinte: „Oder lieber nicht doch um 50 Louis d'Or?" „Majestät, Ihr habt gerade von 100.000 Louis d'Or gesprochen", japste die Maid. „Nein, Madame", antwortete der König, „wir haben nur festgestellt, ob Ihr eine Hure seid. Und jetzt feilschen wir um den Preis ..."

Dem Marketingleiter von der Biermarke stiegen Hopfen und Malz gleichzeitig in die Nase. Und er verstand, dass ich Schaum vor dem Mund hatte. „Ich bin, Herr NN", fauchte ich ihn an, „keine Hure. Mich bekommen Sie nicht um fünfzig, um tausend und auch nicht um hunderttausend Louis d'Or. Schieben Sie sich Ihr Werbegeld in Ihren Arsch. Ich werde nie wieder mit Ihnen etwas gemeinsam machen." Ich stand auf und ging. Irgendwie war das ein gutes Gefühl.

Ein anderes Mal (und wieder war es ein Getränkekonzern) war ich in ein Unternehmen eingeladen, das von einer alteingesessenen Aristokratenfamilie geführt wurde. Der Senior schätzte mich sehr, duzte mich bei jeder Gelegenheit, umarmte mich und versorgte uns regelmäßig mit Zuwendungen und viel Werbegeld. Als seine Tochter zum Zug kam, legte er ein gutes Wort für mich ein. Denn schließlich hatte er die Werbe- und Marketingagenden seiner Firma an den Nachwuchs übergeben. Also fuhr ich in die Brauerei, um unser Jahresbudget zu verhandeln. Die selbstherrliche Tochter, eine stadtbekannte Persönlichkeit mit klingendem Namen, hatte gerade ihren Marketingleiter und ihre Werbeleiterin im Zimmer. Ich wartete im Sekretariat. Die Türe war nur angelehnt. Und von drinnen drang - deutlich vernehmbar - nach draußen, was da abging. Und das war wahrhaftig übel. Die beiden Angestellten wurden lautstark in einer Art und Weise betoniert, dass mir beim ungewollten Zuhören ziemlich schlecht wurde. Die Sache zog sich. Die Vorwürfe, die Beschimpfungen, das Schreien, das völlig respektlose Verhalten gegenüber den Mitarbeitern lösten in mir Schweißausbrüche aus.

Nach zehn Minuten stand meine Entscheidung fest. Unter den entsetzten Blicken der Chefsekretärin, der das unglaublich peinlich war, öffnete ich unerlaubterweise die Tür zum Chefzimmer und sonderte folgende Sätze ab: „Ich finde die Art, wie Sie mit Ihren Mitarbeitern verfahren, absolut degoutant und Ihres Standes nicht würdig." Und an die Adresse der beiden Manager: „An Ihrer Stelle würde ich in diesem Unternehmen keine Stunde weiterarbeiten. Und wenn Sie einen Zeugen brauchen, wie mies Sie hier behandelt wurden – mein Name ist Mucha. Der Zeitschriftenverleger." Sprach's und knallte die Türe zu. Mir war klar, dass dieser Schritt ein endgültiger war. Dass das das Ende der Zusammenarbeit mit besagtem Unternehmen bedeutete. Die junge, unerfahrene und aggressive Unternehmensleiterin würde mich den Rest ihrer Tage hassen.

Und so war es. Keines der Unternehmen, deren Auslieferung sie machte, hat danach jemals wieder bei mir geworben. Auch ihre Firma hat sämtliche Werbung bei uns gestrichen. Und doch – hygienisches Verhalten, wie das hier genannte, zahlt sich immer aus. Auch wenn man es nicht glauben würde.

Knapp nach dem Eklat im Chefzimmer kontaktierten mich die beiden Mitarbeiter. Voneinander unabhängig. Beide bedankten sich artig für meinen Mut und teilten mir mit, dass sie meinem Rat gefolgt waren und dem Unternehmen kurzfristig den Rücken gekehrt hatten.

Es vergingen einige Jahre, bis ich eines Tages einen sehr überraschenden Anruf erhielt. Jemand stellte sich bei mir vor. Als neuer Marketingleiter eines unserer wesentlichen Kunden, bei denen wir einen schönen Jahresauftrag für Werbung hatten. „Ich darf mich bei Ihnen melden, Herr Mucha. Ich bin der neue Marketingchef von XX", begann er seine Worte. „Fein, ich freue mich, dass Sie sich mich anrufen. Was kann ich für Sie tun?", reagierte ich äußerst unsicher, denn solche Leute pflegten Verleger von Fachzeitschriften von sich aus nicht zu kontaktieren, um mit ihnen über das Budget zu verhandeln. Viel zu klein und unbedeutend waren wir in der Auftragsliste dieses Konzerns. „Nun, wir kennen uns", meinte er, „Sie haben vor einigen Jahren sehr viel Mut bewiesen, als ich im Zimmer einer bekannten Unternehmerin niedergeschrien wurde und Sie Zeuge dieses Vorfalls wurden. Ich habe Ihnen Ihr couragiertes Verhalten nicht vergessen. Ich darf Ihnen deshalb mitteilen, dass Ihr Budget in diesem Jahr deutlich größer als in den letzten Jahren sein wird. Wir haben das bereits eingeplant", meinte er. „Und - ich freue mich, dass ich Ihnen damit etwas von Ihrem Mut zurückgeben kann."

Wir lernen aus diesen wahren Begebenheiten (solche Geschichten kannst du einfach nicht erfinden - die passieren dir, die erlebst du, und da bleibt dir der Mund offen), dass sich Unanständigkeit niemals rechnet. Und weiters, dass Leute, die sich selbst überschätzen, die bösartig sind, die ihre Macht ausnützen, die über dich drüberfahren wollen, die dich kaufen wollen, nur dann reüssieren, wenn du es zulässt. Sich zur rechten Zeit dagegen mit wohlgesetzten Worten klug und taktisch überlegt zur Wehr zu setzen, bringt am Ende des Weges mehr, als sich einschüchtern oder kaufen zu lassen, anzubiedern oder als Arschkriecher zu enden. Dass man Widersachern begegnet, Menschen, die glauben, sie wären etwas Besseres, aufgeplusterten Selbstdarstellern, die dich von oben herab behandeln und dir das Gefühl geben, dass du ganz unten bist, ist nur normal im Geschäftsleben. Hier greift der wunderbare Satz von Oscar Wilde: „Bei der Wahl seiner Feinde kann man nicht sorgfältig genug sein."

Womit wir bei einer weiteren Kehrseite des Geschäfts angelangt wären: Wenn man Erfolg hat, wenn man etwas zusammenbringt, wenn man in den Medien steht, wenn man etwas leistet und stolz dazu steht, dann ist einem der Neid sicher.

Hans Hölzel, der unvergleichliche Falco, hat mir das in einem Interview einmal erklärt. Ich mochte den Typen eigentlich nicht besonders. Schraubte jedoch mein Vorurteil herunter. Denn wenn jemand in den Vereinigten Staaten einen Nummer-eins-Hit zusammenbringt, dann kann der wohl kein Idiot sein. Oder kein aufgeblasener Selbstdarsteller mit einem Ego-Problem.

Wie klug Hölzel war, verstand ich erst im persönlichen Gespräch so richtig. „Waast Mucha", meinte er in einem kleinen Café, in dem wir uns zum Interviewtermin verabredet hatten, „des mit dem Neid ist so eine Sache. Überall auf der Welt sagen die Leute, wenn's um den Neid geht: ‚Der hat was, was i ned hob. Und des hätt' i gern.' Und das kann ich durchaus verstehen. Nur der österreichische Neid ist etwas anders geschnitzt. In Österreich sagen wir: ‚Der hat was, was i ned hob' – und des passt ma ned.'"

Diese Spezialvariante der völlig sinnlosen Wut darüber, dass ein anderer etwas geschafft hat, was man selber nicht zusammenbringt, das völlig sinnlose, dem Attackierenden nichts bringende Ausspielen der „Des-passt-ma-ned"-Karte ist ein Spezifikum der besonders ekelhaften Art, das man so wohl nur in Österreich findet. Ich habe es oft genug am eigenen Leib verspürt. Wenn ich Dinge erfunden habe, die international anerkannt wurden. Nur in Österreich wurden sie totgeschwiegen. Wie jüngst, als ich die Aktion „ImpfMitmensch" ins Leben rief und mit meinem Corona-Button zur Regierung hausieren ging. Die mich mit meiner Idee eiskalt abblitzen ließ. Schon erstaunlich, wenn dann drei Monate später die Tochter von Bill Gates einen Impf-Button präsentiert, der dem von mir designten Tool aufs i-Tüpfelchen, bis aufs Corona-Häkchen, gleicht. (In Europa hätte sie das Ding nicht verwenden dürfen – denn da ist der Button durch Copyright geschützt für mich.) In solchen Momenten reißt es mich immer wieder!

Widersacher, Gegner, Neider, Feinde – nur wer kantig ist, wer herausragt, wer so etwas wie eine eigene Meinung hat und nicht mit dem Strom schwimmt, wird wahrgenommen. Dies führt automatisch dazu, dass man Position beziehen muss. Und Position bedeutet, dass man eine klare Haltung hat, was eine gewisse Klientel, politische Gruppe, gesellschaftliche Phalanx überhaupt nicht goutiert. Auf solchem Humus gedeihen Feindschaften. Ich habe die Auseinandersetzungen mit meinen Kontrahenten über all die Jahre stets aktiv betrieben. Und gepflegt. Ob's der Chef einer großen Agentur war, der wegen seiner Äußerung, ich würde Leute nötigen, unter Druck setzen oder erpressen, die völlig an den Haaren herbeigezogen war, rechtskräftig verurteilt wurde. Oder die Intendantin eines Fernsehsenders, die es ertragen musste, dass ich detailliert und haarklein veröffentlichte, wie sie eine ehemalige Mitarbeiterin so sehr gemobbt hatte, dass die als Betriebsrat (!) das Handtuch geworfen hatte. Oder ob's ein Bankrotteur und Spielsüchtiger war, der mich immer wieder anflog – letzten Endes konnte mir keiner von denen irgendetwas anhaben. Oder mich aufhalten.

Der eine verhaspelte sich mit einem Hitler-Sager und schoss sich damit ins eigene Knie, der andere musste zähneknirschend dank einschlägigem Gerichtsurteil klein beigeben – und wieder eine andere wutschnaubend zur Kenntnis nehmen, dass just das Unternehmen, für das sie tätig war, in jede Ausgabe meiner verhassten Zeitschrift massiv Werbegelder investiert.

Was meine Feinde betrifft, habe ich mir das immer ganz genau überlegt, bevor ich mich mit jemandem auf einen öffentlichen Streit eingelassen habe. Dabei gilt es, Folgendes zu berücksichtigen:

1. Der Streit muss es wert sein.

2. Man muss nicht immer auf Konfrontation gehen – auszuweichen ist manchmal weit klüger.

3. Die Lektüre von Baltasar Gracián y Morales S. J. („Das Handorakel") oder von Strategien, die man sich von Machiavelli und Talleyrand abschauen kann, erleichtern die eigenen Entscheidungen wesentlich.

Um bei mir als Kontrahent durchzugehen, muss einer schon etwas draufhaben. Was sich all jene hinter die Ohren schreiben sollten, die ich ignoriert habe. Die ich nicht ernst genommen habe. Wo ich mich zusammengerissen habe – was eigentlich so gar nicht mein Habitus ist – etwas vorzuspielen: dass sie mich nämlich überhaupt nicht kratzen. Dass sie es nicht verdienen, von mir ernst genommen und damit attackiert zu werden. Und dass sie – frei nach der Sanktion von Roman Schliesser – eigentlich nur eine einzige Sache verwirkt hätten: nämlich in meinen Medien vorzukommen. Je älter ich werde, desto öfter genieße ich diese Momente, in denen das passiert, was mir mein guter Freund Gustav angeraten hat: „Meist genügt es, sich an den Fluss zu setzen und zu warten. Ganz ruhig. Kontemplativ. Zu warten, bis dessen Leiche vorüberschwimmt."

Zum Thema „Feinde" fällt mir noch eine wunderbare Parabel ein: Der Herzog von Narváez lag im Sterben. Also rief seine aufgeregte Dienerschaft nach einem Priester, um Durchlaucht die Sterbesakramente zu geben. Der kam und beugte sich zu dem röchelnden Fürst. „Eure letzte Stunde ist gekommen", hob er an. „Vergebt Euren Feinden. Und ich kann Euch die Heiligen Sakramente geben."

Der Herzog richtete sich mit letzter Kraft auf und flüsterte: „Ich habe keine Feinde."

„Aber Herzog, Ihr müsst Feinde haben. Jeder Mensch hat so seine Feinde", replizierte der Priester ungläubig. „Nein, ich habe keine Feinde", widersprach der Herzog trotzig. Darauf der Priester: „Herzog – Ihr wart am Hof des Königs im Rang eines Ministers. Jedes mächtige Amt zieht einem Feinde zu. Ich kann Euch die letzte Ölung nur dann geben, wenn Ihr hier und heute Euren Feinden vergebt. Ich bitte Euch darum ..."

Da stahl sich ein Lächeln in das Gesicht des siechen Herzogs. „Ich habe keine Feinde", so replizierte er ein letztes Mal. „Die sind alle tot. Ich habe sie alle hinrichten lassen."

Nun soll es ja in meinem Berufsumfeld böswillige Zungen geben, die behaupten, dass man als Verleger durchaus auch den einen oder anderen hinrichten könnte – dies freilich nicht mit dem Strang oder der Guillotine, sondern mit der zeitgemäßen Methode des Rufmordes. Diesbezüglich habe ich ein reines Gewissen. Derartiges findet sich nicht in meinem Repertoire. Weil das höchst unanständig ist.

Ich glaube, dass man als Medienmensch zwei Aufgaben hat: Zum einen sollte man rücksichtslos sein. Sie halten das für eine schlechte Charaktereigenschaft? Nicht im Mediengeschäft. Rücksicht habe ich nur auf das Recht der Leser, wahrhaftig informiert zu sein, zu nehmen. Rücksicht auf jene, über die wir schreiben, habe ich niemals genommen. Das zieht einem zwar neue Feinde zu („Nur die Wahrheit beleidigt", Christian Friedrich Hebbel). Aber es ist ein gutes Gefühl, wenn man sich in den Spiegel schauen kann. Viele meiner sogenannten „Kollegen" haben – aus Selbstüberschätzung, Größenwahn oder Hochmut – wenn sie in der Früh in den Spiegel schauen, nur ihre Brustwarzen im Bild. Weil sie längst mit dem Scheitel an die Decke des Badezimmers stoßen. Da sie abgehoben haben.

Was mir in meinem Leben nur ganz selten und nur ganz kurz widerfahren ist. Immer dann, wenn ich den Boden unter den Füßen verloren hatte und glaubte, dass ich jetzt im Olymp angelangt bin, hat mir das Schicksal postwendend eine „Faustwatsche" verabreicht.

Was in den Momenten, wo es mich traf, furchtbar schmerzhaft erschien, erweist sich in meinem Lebensrückblick als Medizin zur rechten Zeit. Meine Schicksalsschläge – ob Scheidung, Krankheit oder Scheitern jedweder Art – haben im Nachhinein betrachtet einzig dafür gesorgt, dass ich stets die Bodenhaftung behielt. Und eigentlich bin ich für jede dieser Wunden, die meist ich mir selber zugefügt habe und deren Narben ich noch heute stolz trage, durchaus dankbar.

Zweitens sind die beiden wichtigsten Buchstaben im Beruf eines Journalisten das „B" und das „E".

Denn wir sind BErichter. Immer dann, wenn irgendein sich selbst zu wichtig nehmender Berichterstatter seinen Wolfspelz zeigt und glaubt, dem Rest der Welt seine Gutmenschen-Meinung oktroyieren zu müssen, steigt mir das Geimpfte hoch.

Nehmen wir den typischen Fall, der jeden Tag im heimischen Fernsehen passiert: Ein Redakteur hat mühevoll seine Reportage erarbeitet. Er hat recherchiert. Er hat Check und Gegencheck gemacht. Er hat sogar doppelt gecheckt. Und er liefert die Fakten. Sauber, ordentlich und glasklar. Und dann kommt dieser Beitrag. Er wird von einem selbstherrlichen Moderator präsentiert. Der Moderator hat die Recherche nicht gemacht. Er weiß viel weniger als der Journalist. Weil jeder gute Journalist wenigstens drei Mal so viel recherchiert hat und weiß als das, was dann schlussendlich auf Sendung geht. Der Seher spürt das. Zwischen den Zeilen. Und das Erfundene, Hinzugefügte stinkt auch. Meilenweit.

Dann kommt der Moderator und gibt seinen Senf dazu. Das, was da geschehe, sei „amoralisch, politisch unkorrekt, asozial oder nicht ethisch", fügt er hinzu. Das ist Senf, der ihm nicht zusteht. Auf den ich pfeife.

Medien, die derartige Spielchen zulassen und dies ihren Mitarbeitern sanktionsfrei ermöglichen, verlieren ihre Reputation. So schnell kannst gar nicht schauen.

Deswegen habe ich mich immer darum bemüht, ein BErichter zu sein. Und mich niemals arrogiert, Richter zu spielen.

Meinen sorgfältig ausgewählten und hochgeschätzten Mitarbeitern habe ich das über die Jahrzehnte immer mit der gleichen Methode beigebracht. Wenn da der Reporter NN mit einer Reportage daherkam, die eine Tendenz hatte, eine Neigung, wo die Aversion des Verfassers durchklang, dann habe ich ihm die Geschichte einfach mit folgenden Worten zurückgegeben: „Herr Kollege, wunderbar. Jetzt nehmen Sie bitte alle diese abfälligen Bemerkungen, Attribute und Nebensätze, die Sie hineingeschwindelt haben, um der Geschichte eine Tendenz zu geben, heraus. Und dann gebe ich Ihnen eine halbe Seite Kommentar. Und dort schreiben Sie - gezeichnet mit Ihrem guten Namen -, warum Sie den, den Sie zwischen den Zeilen versucht haben, zu vernichten, für ein verabscheuungswürdiges Subjekt halten. Kommen Sie in ein paar Tagen mit ihrem Kommentar wieder."

Schon am nächsten Tag taucht der Betroffene dann in der Regel auf. Völlig aufgelöst. Schwitzend. „Es tut mir leid, Herr Mucha", höre ich dann üblicherweise. „Ich habe es versucht. Die Suppe war einfach zu dünn."

„Aber sie war dick genug, dass Sie der Geschichte mit den Attributen, den Nebensätzen und den fiesen Zwischenbemerkungen eine Tendenz gegeben haben?" Spätestens an dieser Stelle war der Mitarbeiter einsichtig. Und tat das, was guten Journalismus ausmacht: Er trennte ab sofort Meinung und Information.

Jene, die sich nicht daran halten, habe ich nicht behalten. So einfach ist das.

Womit ich Ihnen noch ein Geheimnis des Erfolges verraten darf: Wenn jemand sich Ihnen gegenüber als Schwein verhält, Sie übervorteilen will, sein Wort bricht, aggressiv, respektlos und bösartig handelt - lassen Sie sich davon nicht beunruhigen. Seien Sie sich einer Sache gewiss: Wenn Sie wahrhaftig objektiv im Recht waren - dann wird das Schicksal dafür sorgen, dass er/sie seine/ihre gerechte Strafe bekommt. Früher oder später.

Der A3-Verlag, deren Manager mich am Beginn meiner Karriere hintergangen, übervorteilt und ausgebremst hatten und erneut eine Zeitschrift auf den Markt brachten, die sie mir um teures Geld schon einmal verkauft hatten, sind schlussendlich mit Pauken und Trompeten pleitegegangen. Es braucht nur Geduld. Und einen langen Atem. Am Schluss wird alles gut.

Der Grund dafür ist einfach: Derjenige, der Sie mies behandelt, übervorteilt und attackiert, zeigt damit kein Ausnahmeverhalten. Sie können hundertprozentig sicher sein, dass die Art, die er Ihnen gegenüber an den Tag gelegt hat, die miese Geschäftsmethode, das ekelhafte Verhalten und der unseriöse Auftritt, von ihm hundertprozentig auch gegenüber diversen anderen zum Tragen kommt. Das Üble, das der Mann Ihnen antut, gehört hundertprozentig zu seinem Standardprogramm! Auf die Dauer geht das nicht gut.

Viele Freunde sagen mir, ich sei im Alter milde geworden. Die Attacken meiner Sturm-und-Drang-Zeit seien einer gewissen weisen Ruhe gewichen. Nun, ich kann das nicht abschätzen. Vielleicht stimmt es ja auch. Aber eines ist gewiss: Immer, wenn ich geduldig war und wenn sich das erfüllt hat, was ich kraft des Wissens von 46 Jahren Verlegererfahrung angesammelt habe, nämlich dass die Dinge sich unweigerlich in die Richtung des Gefälles bewegen, hat mich das in meinen Entscheidungen sicherer gemacht. Und ruhiger. Oftmals brauchst du nicht einmal den kleinen Finger krumm zu machen. Die Dinge erledigen sich von selbst. Also: Geduld. Manchmal dauert es halt ein wenig länger.

Wie findet man(n) in der Society eine unverschämt junge und sexy Frau – ohne selbst unverschämt reich und berühmt zu sein?

Von Robert Sommer

Tick, Trick und Track sind nicht nur die Neffen der Disney-Ente Donald Duck, sondern auch die geistigen Väter sämtlicher Pseudopromis der heimischen Society: Diese bemitleidenswerten Menschen ticken nicht ganz richtig, sonst wären sie ja nicht in der misslichen Situation, sie versuchen aber ihre vertrackte Lage immerhin mit allen möglichen Tricks zu retten.

Solche Herrschaften träumen regelmäßig von Steherqualitäten auf dem rutschigen Parkett der Gesellschaft, auf dem die Schönen der Nacht nur so dahingleiten. Aber meist an ihnen vorbei. Denn sie sind eigentlich gar keine Herren, sondern bloß Bubis, zu mehr schaffen sie es nicht. Man ist in diesem wenig illustren Kreis der unteren Hunderttausend, die leider immer mehr werden, weder reich noch berühmt, sondern nur unverschämt – was allerdings nicht völlig zu unterschätzen ist. Diese einzige positive Eigenschaft, die in den genetisch baufälligen Bahnhof ihrer Charakterzüge eingefahren ist, ermöglicht es ihnen, zumindest in die Nähe der schicken Railjet-Blondinen zu gelangen. Die blasen sonst (manchmal sogar im wahrsten Sinne des Wortes) in Richtung der heiß begehrten, echten Promis davon. Und zwar in einer atemberaubenden Geschwindigkeit, die die armen Schlucker am Straßenrand nur den Hauch der großen weiten Welt mit den Oberweiten jenseits der XXL-Nummern spüren lässt.

Aber immerhin: Man ist, wie gesagt, unverschämt. Und das ermöglicht es diesen verstoßenen Trittbrettfahrern, sich gelegentlich in ein für sie völlig fremdes Paralleluniversum zu beamen, ohne dass es die Weltraumpolizei mitbekommt. Unverschämtheit wird im Duden folgendermaßen definiert: sich mit aufreizender Respektlosigkeit und über die Grenzen des Taktes (der könnte übrigens der Vierte im Bunde mit Tick, Trick und Track sein) sowie des Anstandes hinwegsetzend und die Gefühle anderer verletzend. Auf diese Weise kommt man zum Beispiel zu einer zentral gelegenen Loge am Opernball, wo eigentlich nur die Crème de la Crème der internationalen High Society Austern und Schampus schlürfen sollte.

Ich selbst gab es in meinem Leben meist billiger: Den Finten, mit denen sich der Schüler Robert bei den Partys der unverschämt beliebten Klassenkolleginnen und -kollegen einschleichen musste, lag aber dasselbe Muster zugrunde. Einmal gab ich sogar mit weinerlicher Stimme vor, dass meine Großmutter schwer erkrankt sei. Der Mitleidseffekt half mir zwar, mit einer nachträglichen Einladung die Tür zur Wohnung einer hinreißenden Sexbombe aus der Oberstufe zu öffnen, der Abend wurde aber leider zu einem unvergessenen Rohrkrepierer: Dass mich die rüstige Omi, noch dazu für alle Gäste ersichtlich, mit ihrem Auto zu besagtem Fest chauffierte, festigte meine Glaubwürdigkeit nur bedingt.

Kunstfehler wie diesen sollte man als Möchtegernpromi mit allen Mitteln vermeiden – sonst scheitert die Operation, ganz gleich wie alt man ist. Im Laufe der Zeit habe ich mich daher zu einem wahren Experten dieses Fachs entwickelt, und ich gebe meine diesbezüglichen Erfahrungen, die ich gesammelt habe, gerne an kommende Generationen weiter. Die Gaukler dieser Welt müssen eben zusammenhalten. Passt genau auf, ihr Brüder im Geiste: Es gibt fünf Regeln, die ihr unbedingt beachten müsst! Lest, staunt und lernt:

Reichtum vorgaukeln!

Fest steht: Man darf sich nie, wirklich niemals von den eigenen Großeltern zu einer exklusiven Gala, zu einer rauschenden Party oder einem festlichen Empfang fahren lassen. Da spreche ich, wie schon erwähnt, aus leidvoller Erfahrung. Abgesehen vom Stempel eines minderbemittelten Muttersöhnchens, den man durch solch ein erniedrigendes Verhalten rasch aufgedrückt bekommt, torpediert es den wichtigsten Generalstabsplan von allen: den Besitz von ordentlich viel Geld vorzutäuschen.

Jeder dieser einsamen Krieger muss sich folgender Weisheit bewusst werden: Einen flotten Schlitten für ein paar Stunden auszuleihen, kostet nicht wirklich die Burg, hilft aber beim Erobern. Am allerbesten wäre es, noch dazu einen guten Freund für ein paar Flaschen Rotwein als Fahrer anzuheuern und vor der Eingangstür, also in Sichtweite der Wartenden, auszusteigen. Entscheidend ist dabei, frühzeitig zu kommen, denn wenn alle schon drinnen sind, hilft der große Mercedes wenig beim Aufschneiden.

Meine weiteren Tipps an die (Leidens-)Genossen der Arbeiterklasse, die auf diese Weise die Reifeprüfung bei den Reichen und Schönen bestehen wollen: Immer hinten sitzen. Vorne ist der Proletenplatz! Langsam, ganz langsam, fast erhaben das Fahrzeug verlassen - hektische Bewegungen zeugen nicht gerade von Souveränität. Der Mann von Welt hetzt nicht durchs Leben. Warum auch? Er hat schon genug verdient. Alle Gedanken an allfällige Mietkosten, die in dieser Phase des Feldzugs zu explodieren drohen, geistig verdrängen! Mit einer kleinen verbalen List kann man übrigens spielend den Betrag senken: „Johann, ich brauche Sie heute nicht mehr. Fahren Sie ruhig heim!"

Mit einer arroganten, lauten, aber doch leicht nasal ausgesprochenen Anordnung an den vermeintlichen „Fahrer" steht man einerseits schon beim Erscheinen im Mittelpunkt des Geschehens und sorgt zweitens auch noch dafür, dass der Preis für den Leihwagen nicht in astronomische Höhen steigt. Die Sterne vermag man später trotzdem zu sehen: etwa indem man beim Heimgehen mit der beeindruckten Sexpartnerin im Arm nach einem Taxi ruft. Niemals dabei pfeifen - wir sind hier nicht auf einer Baustelle! Eine schlichte Handbewegung lässt sie vermuten, dass man(n) jede Situation fest im Griff hat. Im Auto sitzend ist dann ein knapper Hinweis auf den eigenen „Chauffeur" durchaus hilfreich: „Ich habe ihn nach Hause geschickt." Man ist ja nicht nur Millionär, sondern auch Mensch. Womit man auf der Gefühlsebene angelangt ist und von dort den Gipfel (der Gelüste) in Bälde besteigen wird.

Apropos Millionär: Wie schafft man es, ohne zu protzen, bei einer Party mit seinem vermeintlichen Reichtum die richtigen

Signale auszusenden? Die eindeutigen Antworten darauf sind wirklich Goldes wert:

Das Outfit: Wer Anzug trägt, sollte sich gleich warm anziehen - denn er wird die kalte Nacht mit Sicherheit alleine verbringen. Und an einer Krawatte kann man sich gleich selbst aufhängen. Ein derart konservatives Gewand spiegelt nämlich die völlige Angepasstheit wider. Und nichts ist unerotischer als die Ergebenheit dem Establishment gegenüber. Die Frauen stehen vielmehr auf Revolutionäre, Typen wie Che Guevara bekommen immer eine ins Bett, selbst wenn sie Halunken sind. Oder vielleicht gerade deswegen? Die Angehörigen des schwachen Geschlechts suchen Stärke, sie schätzen schneidige Draufgänger und fühlen sich von Rebellen magisch angezogen. Kurz gesagt: Sie schlafen lieber mit Bankräubern als mit Bankangestellten.

Das heißt also: Besorgt euch, koste es, was es wolle, teure Designer-Jeans, modisch zerrissen, und taucht damit auf einem Bankett auf, wo eigentlich Smokingzwang herrscht! Ein weißes Hemd, bis zur Brust aufgeknöpft, und ein sauteures Sakko von Giorgio Armani dazu verfehlen ihre Wirkung selten. Die Herzen der noblen Gastgeber werden euch zwar nicht zufliegen, dafür die Höschen der Girlies.

Das Benehmen: Über Geld spricht man nicht, Geld hat man! In der Gesellschaft gilt daher das ungeschriebene Gesetz: Wer in unerträglicher Permanenz über seinen Reichtum schwadroniert, ist in Wahrheit arm wie eine Kirchenmaus. Wenn schon ein Smalltalk übers Finanzielle geführt wird, dann immer wieder großzügige Spenden erwähnen - aber nie an die großen Glaubensgemeinschaften, die gelten bei den

Mädels als eher spießig. Ich rate zu 100.000 Euro im Jahr an „ganz spezielle Projekte" (diese Wortwahl kommt immer gut an!) für hungernde Kinder in Afrika oder, was übrigens immer attraktiver wird, an Asylheime für herrenlose Tiere. Babys und Pudel bringen die Damen schnell zum Entzücken – und nichts anderes wollen wir schließlich, oder?

Ansonsten empfehle ich eher durch Gesten aufzufallen als durch zu viele Worte: Erstens sind Pseudopromis sofort an ihrer Mundart oder ihrem Dialekt erkennbar – Dockarbeiter passen im Ton nicht auf einen Luxuskreuzer! Zweitens strahlt der Schweigsame und Unnahbare etwas Geheimnisvolles aus, und diesem Rätsel wollen die Schönen gerne auf die Spur kommen: Wie viele Millionen besitzt der Wortkarge in den zerrissenen Jeans? 20, 30? Oder sind es sogar Milliarden? Auf diese Weise vermag man ohne viel Aufwand die gewünschte Aufmerksamkeit auf sich zu ziehen.

Und noch ein guter Tipp: Im Umgang mit dem Personal stets einen noblen Mittelweg wählen. Wer sich dem Kellner zu sehr anbiedert, stellt sich mit dem Proleten auf eine Stufe. „He, Kumpel, bring mir, bitte, noch ein Bier!", wirkt daher eher abtörnend. Ihn aber andererseits auf arrogante Weise maßzuregeln, weil etwa der Barolo zu kalt serviert wurde, zu beleidigen oder gar zu demütigen, lässt die meisten Frauenherzen auch nicht gerade erwärmen. Sie stehen, wie schon verraten, auf Babys und Pudel, fraternisieren sich also automatisch mit den hilflosen Geschöpfen. Was wir keinesfalls brauchen, ist eine gefühlsmäßige Bindung der Blonden zum Ober. Emotionslose Distanz ist daher gefragt. „Er bringe mir den Kaviar!" So würde es auch die Queen formulieren.

Wie findet man(n) in der Society eine unverschämt junge und sexy Frau?

Das Tanzen: Wer sich dabei spastisch bewegt, als wären seine Beine und Hände wie von unsichtbaren Fäden gezogen, macht sich selbst zur Marionette. Am besten ist es, überhaupt niemanden aufzufordern und jedes diesbezügliche Ansuchen mit einem freundlichen, aber bestimmten Drehen des Kopfes von links nach rechts abzulehnen. In diesen Kreisen gilt: Wer wirklich reich ist, tanzt nicht. Er lässt vielmehr die Puppen tanzen. Wenn euch also eine sexy Hexi im hautengen Abendkleid um den nächsten Walzer bittet, so kann das durchaus ein Test sein. Ein Verneinen erhöht die Chancen deutlich.

Ich selbst wähle außerdem noch eine Taktik, die ich mir in zahlreichen Agentenfilmen von einem ewigen Vorbild abgekupfert habe, dessen Blicke aus Stahl sind: James Bond bleibt in solchen Fällen meist mit einem Drink in der Hand (Martini geschüttelt, nicht gerührt) an der Bar stehen und fixiert die Reizvolle bei ihrem erotischen Tänzchen, bei dem sie sich ganz allein nur für ihn minutenlang verrenkt. Man könnte ihr Treiben ruhigen Gewissens auch als Vorspiel bezeichnen. Dabei lässt er sie nicht aus den Augen und zieht sie förmlich in Gedanken aus. In der nächsten Szene liegt sie schon mit ihm im Bett. So schnell geht das bei 007. Er schickt Liebesgrüße um die ganze Welt. Jeder Schuss ein Treffer. Beweisführung abgeschlossen.

Das Rauchen: Wird aufgrund des Nikotin-Verbotes in Restaurants und bei öffentlichen Veranstaltungen immer schwieriger! Ergibt sich aber die Möglichkeit, in einer extra gekennzeichneten Zigarrenlounge oder in einem aufgestellten Zelt eine dicke Davidoff anzuzünden, sollte man sie unbedingt nützen. Nichts erregt Damen, die auf der Suche nach einem

Leben in monetärer Sicherheit sind, mehr als ein paffendes Mannsbild. Es zeigt ihnen auf verschlungene Weise: Der da hat es geschafft. An ihn kannst du dich anlehnen. Mit ihm bist du dabei. In Freud'scher Deutung der menschlichen Seele könnte dieser Akt bei der Zuseherin auch gewisse orale Sehnsüchte wecken, in jedem Fall die nach einem befriedigenden Dasein im Überfluss.

Eine Warnung für die Angehörigen der subalternen gesellschaftlichen Klassen ist allerdings angebracht: Wir reden hier, bitte schön, nicht von Zigaretten, die man zwischen zwei Schichten vor der Fabrikshalle in aller Geschwindigkeit inhaliert. Zigarren sind das genaue Spiegelbild der anderen, elitären Kreise. Das beginnt schon beim Anzünden, das einem in Jahrhunderten perfektionierten Ritual folgt und besser einem echten Experten überlassen werden sollte. Also dem dafür zuständigen Personal. Rauchen muss man aber selbst, womit beim pausenlosen Nuckeln und allzu tiefen Zügen eine große Gefahr besteht: Die fremde Lady soll brennen, nicht die eigene Lunge! Ein ungestüm hustender und sich vor Schmerzen am Boden wälzender „Millionär" wird schnell durchschaut und somit zur Lachnummer mit einer großen Null auf seinem Bankkonto.

Der Alkohol: Reiche Männer haben sich immer im Griff! Das heißt nicht, dass sie überhaupt nichts trinken, im Gegenteil: Sie vertragen nur mehr als alle anderen, weil sie sogar ihre körperlichen Reaktionen kontrollieren können. Meine Erfahrung lehrt: Das macht die Mädels wirklich geil. Ein derartiges Verhalten symbolisiert die totale Macht, der sich Geschlechtspartnerinnen jederzeit hingeben.

Als Möchtegernmillionär, dem Leber und Kleinhirn nicht unbedingt aufs Wort gehorchen, hat man nur zwei Möglichkeiten, diesen Status zu erreichen: Täuschen und tarnen. Also wenn die zu Begeisternde gerade auf der Toilette weilt, Cola mit Kakaopulver ins Glas schummeln, um eine gewisse farbliche Ähnlichkeit mit den edlen Single Malts zu erzeugen, die an der Whiskeybar angeboten werden – aber das ist für unsereins ziemlich schade, denn wir kommen ja nur selten in den Genuss solch sündteurer Drinks. Warum auf eine Gratisabfüllung verzichten? Bleibt also nur Plan B übrig, ein überaus hartes Training, dem ich mich persönlich unter Anleitung der Dozenten Dr. Bourbon und Professor Scotch unterzogen habe. Ich konnte schon in relativ jungen Jahren derart viel Alkohol vertragen, dass mich die Mädchen auf Händen trugen. Bis sie zusammenbrachen.

Ich vergaß nämlich meist darauf zu achten, dass sie nicht dieselben Mengen vertragen können. Mögen die folgenden Generationen aus meinen Fehlern lernen.

Berühmtheit vorgaukeln!

Dieses Gehabe ist so alt wie die Mär von Adam und Eva. Zugegebenermaßen war allerdings die Konkurrenz des ersten Mannes im Paradies noch einigermaßen überschaubar gewesen, und sein Balzen hatte auch ohne besonderes Engagement zum erhofften Erfolg geführt. Nach der Vertreibung aus dem Himmel folgte dann eine gefühlte Ewigkeit herrischer Rituale, die immer dämlicher wurden: Die Vertreter des anderen Geschlechts durchschauten im Laufe der Jahrtausende diese Cäsaren-Vorstellungen ihrer potenziellen Lover. Das änderte sich allerdings mit Erfindung der Mobiltelefone schlagartig: Seitdem haben Pseudopromis, die halbwegs auf Draht sind, leichtes Spiel. Dazu sind bloß verlässliche Freunde mit einem gewissen Hang zur Pünktlichkeit vonnöten sowie eine funktionierende Netzverbindung. Die sexuelle folgt dann auf dem Fuß, oder auf einem anderen Glied.

Das geht relativ einfach und weicht etwas von der ursprünglichen Intention ab, mit notorischer Schweigsamkeit Interesse zu wecken. Man ist ja flexibel. Variatio delectat, wie die Römer schon bei ihren Orgien stöhnten, also Abwechslung macht Freude. Der Aufreißer schreitet bei diesem Täuschungsmanöver im bereits beschriebenen Outfit zu einer Party oder zu einem Empfang, quatscht eine unbekannte Schönheit an und wartet auf den bestellten Anruf – dazu bedarf es natürlich eines genauen Ablaufplanes, der wie folgt zusammengestellt sein sollte:

19.30 Uhr: Einlass (Man reiht sich lieber unter den ersten Ankömmlingen ein, um in der späteren Folge die Lage in den Event-Räumlichkeiten sondieren zu können – und außerdem: Wenn dann später die wirklichen Stars kommen, ist sowieso alles hoffnungslos.)

19.45 Uhr: Aufsuchen der Bar – das Benebeln der Sinne ist eine absolute Notwendigkeit. Bei klarem Verstand würde man in Anbetracht der eigenen Lächerlichkeit, derlei Tricks verwenden zu müssen, um eine ins Bett zu kriegen, sofort wieder heimgehen.

20.13 Uhr: Auswahl – das Opfer wird fixiert und gebrandmarkt. Das ist, mit Verlaub, nur symbolisch zu verstehen.

20.14 Uhr: Angriff (ein gut gewählter Zeitpunkt: Einerseits

hat die zu Begeisternde auch schon zwei Gläser Prosecco intus, was die versuchte Attacke einigermaßen vereinfacht, andererseits ist um 20.16 Uhr der erste Blogger angesagt, und so viel Alkohol gibt's gar nicht, dass man dann noch landen könnte.)

20.15 Uhr: Der erste Schuss in dieser Schlacht fällt: „Hi, wie geht's?"

20.15 Uhr und 5 Sekunden: Böse Blicke.

20.16 Uhr: „Ich heiße Robert, aber Namen sind ja Schall und Rauch."

20.17 Uhr: Erste Zeichen des Angewidertseins bei der Angebeteten.

20.18 Uhr: Unangenehmes Schweigen beiderseits.

20.19 Uhr: Ihr teilnahmsloses Starren auf die Uhr an der Wand verrät eine Portion Hoffnung, dass sich die soeben mitgeteilte Verspätung des Kult-Bloggers aus dem Waldviertel im Rahmen hält.

20.19 und 50 Sekunden: Der weibliche Kommentar zum bisherigen Smalltalk: „Ich muss jetzt auf die Toilette."

20.20 Uhr (und an dieser Uhrzeit darf nie und nimmer gerüttelt werden): Das gezielte Täuschungsmanöver beginnt – der Call des Freundes. Kramen nach dem Handy in der Sakko-Außentasche. Souveränes Zum-Ohr-Führen des Geräts. Dabei, bitte, stets eine gelangweilte Miene bewahren, denn das Zurschaustellen einer despektierlichen Gleichgültigkeit zieht immer bei den Girlies: „Ja, hallo, wer spricht dort?" (Die Antwort ist natürlich völlig bedeutungslos, es kann sich hierbei um ein endloses Rauschen handeln, ein sinnloses Gestotter des Anrufers oder sogar erschreckende Tierlaute bis hin zum lauten

Grunzen. Die attraktive Blonde im kleinen Schwarzen soll ja nur von den Aussagen des Angerufenen beeindruckt werden.) „Ja, servus, Herr Bundeskanzler, hallo Bumsti!" (Wenn man höher gestellte Persönlichkeiten mit deren Kosenamen anspricht, erhöht das auch die eigene Bedeutung – man ist dann quasi auf Augenhöhe mit dem, wie in diesem Fall, Regierungschef.) „Na ja, also viel Zeit hab' ich nicht, mein Lieber, ja, ja, ich bin gerade in einem wichtigen Termin." (Dabei ist ein kurzes Augenzwinkern in Richtung der künftigen Geliebten anzuraten – sie sollte in dieser Phase des Eroberungsfeldzuges schon deutlich interessierter wirken als in den Minuten zuvor.) „Was? Du benötigst einen Rat von mir? Immer gerne, aber mach schnell, gell!" (Die hier verlangte Eile kann, muss aber nicht mit einer unterstützenden Gestik untermauert werden – das geht nur, wenn in der linken Hand kein Glas Wein gehalten wird, sonst verschüttet man es. Denn vergessen wir nicht: Die rechte hält immer noch das Handy ans Ohr.) „Wie? Das morgige Abstimmungsverhalten deiner Fraktion im Nationalrat? Du möchtest meinen Rat? In der Sache diplomatische Beziehungen zum Heiligen Stuhl? Ja, natürlich, ich verstehe: Das ist heikel." (Verständnisvolles Kopfnicken) „Der Vatikan ist ja nicht irgendein Staat. Wie, bitte? Ah so: Es geht gar nicht um den Papst! Der Außenminister sägt an deinem Stuhl! Dann setze ihn doch einfach ab, dann ist er dort, wo er hingehört: außen vor!" (Sarkastisches Männergrinsen) „In Ordnung, immer gerne, Bumsti! Bis bald."

Dann wendet man sich mit einem überzeugenden Siegerlächeln im Gesicht wieder an die fasziniert Lauschende und entschuldigt sich mit folgenden gut durchdachten Worten: „Tut mir leid, aber weißt, der Bumstl braucht mich halt." (Durch das Verwenden des Spitznamens, noch dazu etwas verballhornt, in einem Atemzug mit IHR schwebt auch SIE jetzt gefühlt auf Augenhöhe mit dem mächtigsten Mann im Staat und wird ehebaldigst auf Augenhöhe mit dem größten Pseudopromi aller Zeiten im Bett liegen. Mit dieser Taktik vermag man auch die selbstsichersten und vor Arroganz strotzenden Frauen, die ihre eigene Schönheit zum Tempel der gesamten Männergewalt kreiert haben, in die Knie zu zwingen.)

Ich persönliche rate allerdings dazu, das anfangs erwähnte Sondieren der Umgebung nicht auf die leichte Schulter zu nehmen. Kennen Sie vielleicht die Anekdote des berühmten österreichischen Schriftstellers Peter Turrini, der in seiner Jugend in Ermangelung funktionierender Handys zu einer ganz anderen List hatte greifen müssen? Adonis war er demnach wohl auch keiner gewesen. „Ich steckte Tannenzapfen in die Hose, um beim anderen Geschlecht irgendwie auffällig zu werden", verriet er später als Erwachsener. „Der Trick flog allerdings auf, als ich zwei nahm."

Mir ging's ähnlich: Als der vermeintliche Regierungschef bei mir anrief und ich auf dem rutschigen Parkett der Gesellschaft versuchte, einem Partyluder zu imponieren, stand der echte ein paar Meter in Hörweite hinter mir. Zwei sind eindeutig zu viel, um Sex zu haben. Das kreischende Lachen der Blonden fuhr mir in alle Glieder, aber dabei verrutschte das kleine Schwarze ein wenig, und ich konnte immerhin einen kurzen Blick von dem erhaschen, was mir auf ewig verwehrt blieb.

Zum Glück war zumindest der Außenminister nicht dabei. Sonst wäre ich wirklich blamiert gewesen.

Schönheit vorgaukeln!

Friedrich Torberg legte in seiner „Tante Jolesch" die Latte ziemlich tief: „Was ein Mann schöner ist wie ein Aff', ist ein Luxus." Aber diese Feststellung könnte auch eine literarische Schutzbehauptung gewesen sein. Höflich formuliert meine ich damit, dass jeder Mensch, ganz gleich welchen Geschlechts, immer gerne vorgibt, das schier Unerreichbare ohnehin nicht anzustreben. Zum Beispiel:

„Ich möchte kein Millionär sein - Geld macht doch nur unglücklich."

„Berühmtheit mag ich überhaupt nicht - da hat man in der Öffentlichkeit keine Ruhe mehr."

„Ein attraktives Aussehen ist unnötig - es zählen andere Werte im Leben."

Kurz gesagt: Genau so reden Verlierer. Das olympische Motto „Dabei sein ist alles" gilt nämlich nur für die Athleten, die keine Medaillen gewinnen. Die Sieger wissen natürlich, dass der einzige Sinn von Wettkämpfen das Gewinnen ist. Manche Eltern bestehen ja sogar darauf, dass beim Fußballspielen ihrer untalentierten Sprösslinge die Treffer nicht gezählt werden, um ihnen die Schmach der Niederlage zu ersparen. Das ist natürlich nur ein Hinauszögern der Realität: Denn spätestens dann, wenn die Burschen mit dem schmächtigen Körper, der schiefen Nase und den abstoßenden Pickeln in der Disco verzweifelt am Rand der Tanzfläche stehen, während die begehrten Schulkollegen, die gut aussehenden, muskulösen und braungebrannten Sportskanonen, von den Mädchen umschwärmt werden, ist den Einsamen klar: Das Leben ist ein einziges Eigentor.

Aber zum Glück gibt es gewisse Hilfsmittel, um auch als Anti-Adonis zum Ziel zu kommen: Im Krieg und in der Liebe ist alles erlaubt, auch Doping aller Art. Etwa Selbstbräuner. Meine Haut ist von Geburt an äußerst hell, was - warum auch immer - das andere Geschlecht nicht im selben Grad anzieht wie die Motten das Licht. Als logische Folge dieses dermatologischen Nachteils erröte ich schon nach wenigen Minuten akuter Sonnenbestrahlung am ganzen Körper in einem besorgniserregenden Ausmaß. Spaziere ich im April, wenn's also für einen vermeintlichen Latin Lover wie mich langsam heiß wird, durch die Stadt, steigen alle Autofahrer in unmittelbarer Nähe wie verrückt auf die Bremse, weil sie annehmen, eine mobile Ampel würde auf Rot springen. Aber es kommt oft noch dicker: Mein Antlitz leuchtet derart, dass verwöhnte Kinder nach einem Praterbummel hysterisch zu schreien beginnen, weil sie nach drei Burgern mit Pommes und vier Eiskugeln mit Heidelbeergeschmack auch noch diesen lustigen „Ballon" als Geschenk wollen. Einer der Väter, wohl ein Anhänger antiautoritärer Erziehungsmaßnahmen, fragte mich einmal verächtlich: „Geht Ihnen bis zum Abend nicht die Luft aus?" Dann kaufte er mich seinem kreischenden Sohn um 3 Euro 50.

Wenn der Hochsommer naht, ist die verblüffende Ähnlichkeit mit einem drangsalierten Hummer nicht mehr zu leugnen. Daher griff ich, um auf einer Party meines damaligen Arbeitgebers von den anderen Gästen nicht auf spöttische Weise gegrillt zu werden, zu einer ganz besonderen List. Ein Ultra-mega-super-Selbstbräuner mit der inspirierenden Markenbezeichnung „Jamaika Face" sollte dafür sorgen, dass meine Zukunft weniger rot aussieht. Zumindest rosig. Am besten braun, knackig, nicht kackig!

Nach zwei Wochen der konsequenten Eigenbehandlung, an die ich mich wie im Beipacktext vorgeschrieben fast wörtlich hielt, sollte der Erfolg für das Fest des Jahres garantiert sein: Ich beachtete natürlich den empfohlenen Zwei-Stunden-Rhythmus beim Einreiben, auch nächtens, was mir aufgrund des Schlafmangels graue Augenringe bescherte. Aber das fiel unter Kollateralschaden und war mit der doppelten Menge an Creme spielend zu kaschieren. Ich beherzigte sogar den Rat, den ich in einer beliebten Frauenzeitschrift beim Friseur gelesen hatte: „Verfolgen Sie die positive Veränderung ihrer Gesichtsfarbe nicht verbissen, indem Sie die Entwicklung regelmäßig kontrollieren. Sehen Sie erst am Ende der Prozedur in den Spiegel, auf diese Weise ist der Erfolg viel klarer zu erkennen."

Nirgendwo stand allerdings, dass man sich dabei die Hände zehnmal täglich mit einem chemischen Waschmittel der öffentlichen Straßenreinigung säubern sollte.

Und so erblickte ich im Badezimmer plötzlich eine Gestalt, die mir einigermaßen fremd schien: Meine zehn Finger baumelten wie schwarzes Wurzelgemüse an verbrannten Bratkartoffelscheiben, und mir gegenüber stand ein freundliches Monster, das mich irgendwie an „Das Ding" erinnerte – die Metamorphose hatte mich zu einer Comicfigur aus dem Hollywoodfilm „Die fantastischen Vier" gemacht, in der sich ein ganz normaler Bürger, wohl nach einer ähnlichen Kur, zu einem furchteinflößenden Typen mit steinerner Haut verwandelt. Die Party am nächsten Tag musste ich zwar mit diesem

Look meiden, aber für den nächsten Fasching war ich bestens gerüstet.

Schönheit hat ihren Preis, ganz klar – manchmal muss man eben länger auf seinen spektakulären Auftritt warten, und hin und wieder ist das mit dem Preis auch durchaus wörtlich zu verstehen: Kosmetische Operationen sind nicht gerade billig!

Auch Männer wagen ja mitunter den schweren Gang zum plastischen Chirurgen, und genau diesen Helden der Neuzeit habe ich schon in meinem Bestseller „Doktor-Spiele" den wohl wichtigsten Hinweis mit auf den Weg gegeben: Die „Operation schöner Robert" müsse stufenweise erfolgen. Dieser Tipp gilt natürlich nicht nur für mich, sondern für alle Geschlechtsgenossen, die im ewigen Kampf um eine heiße Braut ihr verbrauchtes Antlitz etwas aufbessern wollen. Die äußeren Male des allzu lustigen Lotterlebens sollten stets sukzessive, also nie auf einmal verschwinden. Man stelle sich nur vor, unsere sogenannten „Krähenfüße" lösten sich über Nacht völlig auf – also bei einem Empfang am Donnerstag in der Hofburg sind diese Fältchen im Augenbereich noch da und am Samstag bei einer Festivität in einem Wiener Nobellokal plötzlich weg. Jeder Insider und vor allem jede Insiderin kann daraus messerscharfe Schlüsse ziehen ...

Damit wäre man in der Gesellschaft natürlich geächtet! Frauen reden ja mittlerweile über ihre kleinen medizinischen Korrekturen offen wie über edle Parfumsorten oder modische Cocktailkleider. Fehlt nur noch, dass sie Preiszettel an ihren vergrößerten Brüsten hängen lassen: „Dr. Implantati mit Stempel, 6.999,80 Euro plus Umsatzsteuer". Aber dem starken Geschlecht bleibt die Gleichberechtigung, körperliche

Schwächen medizinisch ausmerzen zu dürfen, völlig versagt. Unterzieht sich einer von uns einer unbedeutenden Straffung, so ist er sofort die Lachnummer der Society: ein eitler Pfau, der seltsame Räder schlägt, um mit allen Mitteln jünger und attraktiver zu wirken. Du kannst jederzeit einen alten, schäbigen Opel aus den 70er Jahren aufpolieren und durch das gesetzlich verbotene Zurückschrauben des Tachometers zu einem Neuwagen aufmotzen – aber kaum drehst du an der Zeit des Mannes, bist du gleich ein Verstoßener.

Also, bitte, immer Folgendes beachten: Hier eine minimale Korrektur, dort ein kleiner Eingriff. Erst langsam, ganz langsam soll der Schrotthaufen zu einem flotten Ferrari werden. Auch wenn's kostspieliger ist als das Gesamtpaket mit der Crashkur: Lieber eine Woche lang herumschnipseln, die nächste dann herumspritzen, herumsaugen und ein bisschen herumbotoxen, verkürzen, vergrößern und, wenn's sein muss, auch verlängern.

Der billige Trick mit den Tannenzweigen ist bekanntlich zweideutig und führt nicht immer zum gewünschten Erfolg.

Fitness vorgaukeln!

Ganz ehrlich: Ich habe keine ausgesprochene Sommerfigur. Das werden auch Gleichgesinnte mit anderen Familiennamen zugeben müssen, wenn sie deren eigene Bauchfülle betrachten und dabei verzweifelt ihre unteren Extremitäten suchen. Deswegen lieben wir ja auch den Winter so sehr, denn in dieser Jahreszeit werden die Folgen des ausufernden Lebensstils nicht an Land geschwemmt. Bei Minusgraden sind ästhetische Schwächen mit ein paar dicken Jacken über dem

Ranzen leicht zu kaschieren: In meiner Sturm- und Drangzeit verlegte ich ab November jedes Rendezvous am liebsten zu den allseits beliebten Punschständen, denn dort muss man sich beim Balzen nicht ausziehen. Die meisten meiner Liebschaften rissen dabei allerdings schwere Lungenentzündungen auf, und ich war weg vom Fenster.

Also blieb mir nur, in den sauren Apfel zu beißen: Der regelmäßige Genuss von Obst und Gemüse reduziert den Fettanteil im Körper, belehrte mich mein Leibarzt. „An apple a day keeps the doctor away", heißt es ja in England. Calvados ist damit nicht gemeint, denn dieser Branntwein ist bekanntlich ein Franzose und somit ein Brechmittel für die eigenwilligen Insulaner.

In Österreich saugen wir hingegen den weißen G'spritzten, also im alkoholischen Regelfall eine belebende Mischung aus Veltliner und Soda, quasi mit der Muttermilch auf. Dazu verzehren wir am liebsten Paniertes, egal was. Hauptsache, es ist mit einer dicken Kruste aus Mehl, Ei und Bröseln überzogen. Wie schon in meinem Buch „Promille-Doktor" ausführlich dargelegt, erwarten das vor allem die Wiener Gourmands auch dann, wenn sie ihre geliebte Heimat verlassen. Wird uns zum Beispiel in einem Fünf-Sterne-Restaurant in Los Angeles die einzigartige Schwanzflosse von „Flipper" als Leckerbissen angeboten, also eine wahre kulinarische Rarität, so nickt der Gast aus good old Vienna zustimmend, meint aber auch streng zum Kellner: „Yes, sofort panieren, bitte!" Und selbst wenn der Starkoch eines Kannibalenstammes einen Landsmann von uns in einen riesigen Topf werfen würde, wäre das nicht weiter schlimm. „Panieren tun Sie mich aber schon, gell?", könnten die letzten Worte des menschlichen Nahrungsmittels sein.

Daher klettern auch die fetthaltigen Prozente im Blut der Österreicher mit den Staatsschulden um die Wette – für Letztere gibt es aber sicherheitshalber keine Gesundenuntersuchung, denn die würde zu einem nationalen (Finanz-)Kollaps führen! Meine Cholesterinwerte werden allerdings regelmäßig gemessen, und die bestätigten mir schon vor vielen Jahren, was mir die Waage angedeutet hat: Ich müsste abnehmen. An Gewicht natürlich, nicht an Bedeutung!

Neben einer vitaminreichen, aber kalorienarmen, also ganz und gar unpatriotischen, fast schon veganen Ernährung ohne Panier verschrieb ich mir regelmäßiges Training ohne Gnade – sonst würde ich niemals eine unverschämt junge und sexy Frau abbekommen. Die Idee, durch harte Arbeit selbst einmal reich und berühmt zu werden und auf diese Weise beim anderen Geschlecht zu reüssieren, schien mir eher unverschämt unehrlich zu sein.

Also begann ich zu schwitzen: Beim Laufen im Grünen zur Verbesserung der allgemeinen Grundlagenausdauer, die angeblich die Immunität gegen zahlreiche Krankheiten stärken soll, holte ich mir fast den Tod. Die roten Blutkörperchen, die sich dadurch vermehren sollten, spuckte ich in der Sekunde wieder aus. Eine Oma mit Stock, die ihren greisen Kurzbeindackel Gassi führte und mich dabei überholte, wollte sogar aufgeregt die Wiener Rettung anrufen. Mit dem letzten Atemzug lehnte ich aber dankend ab. „Fit ... fit ... fit sein", konnte ich noch stammeln, dann verschluckte ich mir völlig unbekannte, bitter aufstoßende Körpersäften und stolperte beim Zusammenbrechen über den winzigen Rassehund, der winselnd von dannen lief und die schreiende Großmutter hinter sich herzog.

Ihre saftlose Kraftlosigkeit erinnerte mich daran, dass vielleicht auch meine Muskulatur ein wenig Stärkung nötig hätte: Gleich nach dem Ende der gerade beginnenden Bewusstlosigkeit werde ich mich in einem Fitnesscenter anmelden, spekulierte ich.

Gedacht, getan – man will ja als Mitglied der „Sekte zum starken Geschlecht" nicht gegen die Aufnahmebestimmungen verstoßen: Die Mädels stehen auf stählerne Oberarme, in die sie sich fallen lassen können, ganz klar, das weiß man spätestens seit den cineastischen Rambo- und Rocky-Machwerken. Aber wie sah die Realität aus? Ein vorsichtiger Blick in den Spiegel verrät, dass sogar der siebente Zwerg, der Schneewittchen verführte, kräftiger war als ich. Das sollte sich ändern, und zwar in Bälde, bitte schön!

Aber wie? Die überaus kompliziert aussehenden Geräte in dem stadtbekannten Nobelschuppen, in dem die bescheidenen Minimuckis für eine stattliche Einschreibe- und Monatsgebühr zu echten Männerwerkzeugen werden sollten, wirkten eher wie Hightechraumschiffe der NASA, die hier ein Geheimprojekt für die erste bemannte Marslandung vorbereitete. Die Auflösung technischer Rätsel gehört aber nicht unbedingt zu meiner geistigen Grundausstattung. Was also tun? Zuerst beobachtete ich bei meinem allerersten Besuch einen routinierten Astronauten, wie der sich, in einem Gewirr von Aluminiumstäben liegend, frei im Weltall bewegte und dabei mit Außerirdischen zu kommunizieren schien. Oder sprach er mit sich selbst? „3.124, 3.125, 3.126 …" Meinte er damit vielleicht das Jahr, in dem er sich wähnte? Auf jeden Fall beherrschte er das utopische Fitnesshandwerk bis zur Perfektion! „4.000, yes, geschafft!" Dann wuzelte sich „Captain Kirk", wie ich ihn in meinen Gedanken bewundernd nannte, über seinen Rücken in den Kopfstand, stemmte den eisernen Körper in die Höhe, sprang rücklings aus der Maschine, und ich warf mich vor ihm auf die Knie. „Meister, darf ich dein Schüler sein?" Er nickte gütig.

Drei Monate später war ich ein vegetarischer Muskelprotz. Eine tickende Eiweißbombe, die jede Dame der feinen Gesellschaft zum Entzünden bringen müsste. Das sündteure Training hatte sich im wahrsten Sinne des Wortes bezahlt gemacht.

Daher stolzierte ich selbstbewusst im neuen Outfit – die alten Jeans, Hemden und Sakkos waren mittlerweile drei Nummern zu groß – in ein altehrwürdiges Palais, in dem drei feine Damen zu einer Versteigerung für den guten Zweck eingeladen hatten: Einige leidende Insektenarten sollten vor dem baldigen Aussterben gerettet werden. Ich kannte zwar die genauen Bezeichnungen dieser künftigen Fossilien nicht, interessierte mich aber ohnehin nur für die herumschwirrenden menschlichen Lebensformen weiblichen Geschlechts. Was sollte jetzt noch schiefgehen? Als Mädchenschwarm? Birgit und Marlene hatten es mir sofort angetan. Die Namensschilder, die man bei dieser gemeinnützigen Auktion tragen musste, erlaubten es mir, die beiden sofort persönlich anzusprechen …

Zugestochen haben dann doch wieder die anderen, diese bauchzentrierten Angeber in ihren aufgeblasenen Anzügen jenseits aller XXXL-Größen. Einer dieser unsympathischen Partyhornissen ließ sich sogar zu einer abfälligen Bemerkung in meine Richtung herab, während er Birgit mit seinem fetten Gift besudelte: „Musst halt ein bisschen zunehmen, Burschi! Sonst wissen die Damen gleich, dass du ein Hungerleider bist."

Seitdem verstehe ich unter Training etwas anderes.

Intelligenz vorgaukeln!

Wenn gar nichts hilft, steht noch die theoretische Möglichkeit auf dem taktischen Plan, eine Portion Wissen und Schlauheit vorzutäuschen. Zu dieser allerletzten Maßnahme rate ich allerdings nur im äußersten Notfall, denn von Intelligenz kann man sich nichts kaufen. Schon gar nicht teure Chanel-Handtaschen.

Bei der ganz speziellen Finte ist also äußerte Vorsicht geboten! Männer, die etwa des sinnerfassenden Lesens fähig sind, gelten in der Frauenwelt der Reichen und Schönen als fragwürdige Sonderlinge. Als unerotische Außenseiter und asexuelle Hans-Wurst-Attrappen. Kein Mädel küsst den Vorzugsschüler, schon gar nicht auf den Mund. In der Society gilt, was wir spätestens in der fünften Klasse des Gymnasiums gelernt haben: Wer die Gallischen Kriege kennt, landet höchstens auf dem Müllhaufen der Geschichte – aber niemals im Bett der Blonden.

Die geilen Girlies stehen mehr auf handfeste Aufklärung und weniger auf philosophische Betrachtungen von Reformbewegungen vergangener Jahrhunderte. Gebumst wird der rücksichtslose Draufgänger, der sich nimmt, was er will, nicht der willenlose Dichter und Denker – unsereins steht mehr für ein beschauliches Leben in einer gemieteten Drei-Zimmer-Wohnung ohne Balkon.

Ein hartes, mitunter sogar brutales Auftreten in der Öffentlichkeit spiegelt überschäumenden Reichtum wider, zumindest dessen möglichen Erwerb in naher Zukunft. Gebildete Männer sind hingegen das Ebenbild von Herzog Friedrich von Tirol, also dem „Friedl mit der leeren Tasche". Ich würde daher nicht unbedingt dazu raten, den Namen des in Innsbruck regierenden Landeshauptmannes unfallfrei zu buchstabieren. Das törnt die Ladys eher ab.

Themen wie die hohe Politik, Kultur, Forschung, Psychologie, Geschichte oder andere Wissenschaften sind bei Partys ab einem gewissen Niveau absolut tabu – da kann man gleich ein alkoholfreies Bier bestellen. Sinnentleerte Diskussionen über die wahren Gründe unseres Daseins oder den Einfluss deutscher Dramatiker auf die österreichische Literatur führen dazu, dass man wie in der Schulzeit nach der letzten Unterrichtsstunde alleine heimgeht, während die heißen Feger aus der Parallelklasse bei den Fünferkandidaten die Nummer eins sind.

Ich rate jedermann, auch in späteren Jahren den Level deutlich zu senken, wenn es darum geht, Gesprächspartnerinnen bei einschlägigen Events wie „Spargelkosten mit verbundenen Augen für Lurche in Not" die Höhe des eigenen Intelligenzquotienten vorzugaukeln. Den Namen des österreichischen Bundespräsidenten perfekt auszusprechen reicht bei solchen Begebenheiten manchmal schon, um für offene Münder zu sorgen – damit wäre der erste Schritt in die gewünschte Richtung getan. Wie gesagt: Den Ball immer flach halten! Der Sport ist durchaus geeignet dafür, aber, bitte, stets mit geeigneten Disziplinen prahlen: Über besonders schöne Tore zu schwärmen ist verpönt, außer man kennt den betreffenden Stürmer mit der Millionengage persönlich. Das kommt an! Im Normalfall dienen aber Kommentare übers Golfspielen vorzüglich, um in der heimischen Gesellschaft als überdurchschnittlicher Vifzack zu gelten. Empfehlenswert sind unverständliche Schachtelsätze wie: „Ich habe gestern schon auf dem Putting Green geahnt, dass ich diesmal einen Albatros schaffe, so vortrefflich hat sich mein Backswing angefühlt, und so kann ich euch mit großer Freude mitteilen, dass sich mein Handicap auf 73,7 unter Par verbessert hat." Auch wenn derlei Gestammel mit relativ wenig Essenz angereichert ist, so erfüllt es bei den zu Beeindruckenden seinen Sinn: Man wird als überaus gescheit klassifiziert, aber nicht für zu gescheit, um als Dozent für Altgriechisch an der Wiener Universität zu versumpern.

Generell gelten in diesen Kreisen andere Werte als die kognitive Leistungsfähigkeit. Ahnungslose Amateure, die sich vor den ersten Empfängen, Galas oder Benefizveranstaltungen ihrer Karriere unauffällige Spickzettel basteln, auf denen zum Beispiel die aktuellen Nobelpreisträger notiert sind, holen sich damit nur blutige Nasen. Die pikierten Herren rümpfen die ihren bei diesem Thema, die gelangweilten Damen pudern sie – und damit ist keinesfalls der erste Schritt in die gewünschte Richtung gemeint. Im Gegenteil!

Ein derlei unprofessionelles Verhalten führt in die totale Vereinsamung. Intelligenz heißt hier, dass man die Motorendrehzahl des neuen Bentley vom Generaldirektor B. des

Topunternehmens C. auswendig kennt, den Preis für die Hochzeitssuite im brandneuen Luxushotel auf den Malediven oder die genaue Adresse des sympathischen plastischen Chirurgen, der die Fettabsaugung auf völlig neue Beine gestellt hat, indem er die gewonnenen Körpersäfte artgerecht recycelt. „Der Umweltschutz liegt mir besonders am Herzen", wäre eine entsprechende Abschlusssequenz in dieser Trauersonate. Gerührte Angehörige des zarten Geschlechts greifen sich bei diesen emotionalen Geständnissen auch noch mit der linken Hand (in der rechten halten sie ja meist ein Glas Champagner) auf eine ihrer vergrößerten Brüste, was für das jeweilige Gegenüber als positives Zeichen zu werten ist. Man befindet sich auf dem richtigen Weg.

Alle Möchtegerngenies muss ich an dieser Stelle restlos enttäuschen: Als ich in meiner vorehelichen Zeit noch auf der Pirsch war, habe ich mit klugen Argumenten kein einziges Freiwild erlegt. Diese Schüsse verfehlten stets ihr Ziel, auch wenn das Rohr schon auf scharf gestellt war. Der Schein, ein snobistischer Multimillionär zu sein, hat immer alles überstrahlt. Also besser nicht mit Nebensächlichkeiten wie Bildung aufhalten!

Als rasender Society-Reporter kann man jedoch einen Zauberspruch anwenden, eine ultimative Geheimformel, die ihre Wirkung bei der Hasenjagd niemals verfehlt: „Ich schreibe über dich." Das ist das Sesam-öffne-Dich, ein Schlüssel, der nicht unbedingt zu Tausendundeiner Nacht führen muss. Aber eine reicht ja im Regelfall schon aus.

Natürlich ist es nicht zwingend notwendig, dass dieses Berufsbild der Realität entspricht: Man kann auch als unterbezahlter Lateinlehrer mit einem 20-Stunden-Vertrag beim Stadtschulrat ohne Skrupel vortäuschen, ein einflussreicher Kolumnist der größten Tageszeitung des Landes zu sein. Presseausweise sind im Übrigen leicht zu fälschen.

Einen guten Tipp für eure Laufbahn in der ehrenwerten Gesellschaft habe ich aber noch: Gebt euch bei diesem Partytrick niemals als Robert Sommer aus! Das wäre ziemlich unintelligent. Denn erstens bin ich weltberühmt, also so unverschämt reich und bekannt, dass mich jede Frau auf diesem Planeten kennt. Und zweitens wäre das eine krasse Verletzung der Berufsehre: Ein Gaukler spannt dem anderen niemals die Braut aus!

Wie wird man in Österreich reich?

Von Christian W. Mucha

Eigentlich ist es ja die völlig falsche Frage, die sich da im Titel dieses Kapitels an Sie herangepirscht hat. Denn der weit wichtigere Ansatz wäre wohl, sich zu fragen, wie man wahrhaftig glücklich wird. Aber da Sie dieses Buch nun mal - zu einem Gutteil wohl wegen seines Titels - käuflich erworben haben, gehe ich davon aus, dass Sie sich dafür erwärmen könnten, reich zu werden. Ich kenne viele, die bei Weggabelungen ihres Lebens den Pfad des Nicht-reich-Werdens eingeschlagen haben. Weil sie der Meinung waren, dass Glück für sie wichtiger ist.

Lassen Sie mich das an einem konkreten Beispiel festmachen: Vor einigen Jahrzehnten fragte mich der weltbekannte Internist Prof. Dr. Kurt Huber, mit dem ich privat sehr verbunden bin, ob ich ihm bei einer wichtigen Lebensentscheidung zur Seite stehen könne. Ich sei von seinem Beruf überhaupt nicht infiziert, und bei mir sei er sich sicher, einen wahrhaftigen Rat zu erhalten. Und dann erklärte er mir, dass man ihm in Oberösterreich eine hochdotierte Stelle als Primarius angeboten habe. Zu derart verlockenden Rahmenbedingungen, dass ihn das Offert seit Wochen immens beschäftige. Ob er das annehmen oder in seinem derzeitigen Job verbleiben solle. Ich habe mir einige Nächte des Überlegens Zeit genommen, bevor ich ihm geantwortet habe. Mein Ratschlag mag

Sie überraschen: Ich wusste von Huber, dass er nichts lieber tut, als zu forschen. Dass er ein fantastisches Organisationstalent ist, genau weiß, wie Vorträge, Kongresse und Tagungen mit anderen Internisten zu organisieren sind, und dass die wissenschaftliche Arbeit für ihn Vorrang hat. „Vergiss das Geld", habe ich ihm leichten Herzens geraten! „Bleib dort, wo du hervorragend forschen kannst! Wo du das, was du beherrschst, maximal umsetzen kannst." Huber ist übrigens meinem Rat gefolgt. Wir sind noch immer Freunde. Und er hat es keine Sekunde bereut, weil er heute glücklich ist. Und letzten Endes geht es doch primär nur darum.

Doch lassen Sie mich nun zur eigentlichen Frage kommen: Wie man in Österreich reich wird. Wenn wir einmal die einfachste Möglichkeit, zu Reichtum zu gelangen, nämlich das Erben, und die mieseste, nämlich das Ergaunern, ausklammern, dann bleiben für jene, die, so wie ich, nichts von den Eltern mitgekriegt haben und sich alles selber erarbeiten mussten, grosso modo eigentlich nur zwei Möglichkeiten offen:

Mein Großvater, ein wirklich weiser Mann, pflegte das so zu formulieren: „Jedes miese Schwein kann auf schnelle Art und Weise mit Gaunereien schmutziges Geld machen. Dazu brauchst du weder Talent noch Engagement noch Charakter. Doch wenn du dein Lebtag lang stolz in den Spiegel schauen willst, dann musst du arbeiten. Und zwar hart arbeiten. Denn die einzige Tugend im geschäftlichen Leben ist die Qualität der langen Strecke. Nur wer eine gute Leistung über eine lange Strecke erbringt, der kann es zu etwas bringen."

Ich habe mich 46 Jahre meines Lebens an diesen Rat gehalten. Und hatte damit Erfolg.

Die zweite Voraussetzung, um reich zu werden, ist, dass man das macht, wo man mit ganzem Herzen dabei ist.

Jeder von uns hat seine ganz eigenen Talente. Es gilt, sie herauszufinden und dann konsequent die Gaben, die man von Gott erhalten hat, zu nutzen, weiterzuentwickeln und zu verfeinern.

In meinem Fall entdeckte ich schon sehr früh, was mir Spaß machen würde. Wobei eine kleine Voraussetzung für Erfolg, der auf Wissen basiert, unbedingt da sein muss: Ich habe von meinem Elternhaus zwar nichts Monetäres mitbekommen, aber ich konnte exzellente Schulen besuchen, bekam eine gute Ausbildung und wurde von meiner frühesten Kindheit an mit Lesestoff gefüttert. Dazu kam das Plus, dass bei uns zuhause Hochdeutsch gesprochen wurde. Mein Vater war ein gnadenloser und brillanter Formulierer. Dialektausdrücke waren bei uns tabu. Man sprach akzentfrei. Und wenn mir ein Fallfehler widerfuhr, dann wurde das gnadenlos kritisiert und ausgebessert.

Ich erinnere mich noch gerne an seine Schlagfertigkeit. Ich war zehn Jahre alt. Um neun Uhr sollte ich zu Hause sein. Wir waren in Niederösterreich. Auf „Sommerfrische". Damals sehr beliebt. Und da gab es dieses Mädchen vom Nachbarbauernhof. Mit der ich lange Spaziergänge unternahm. Zu Hause kam ich erst um zehn Uhr an.

Mein Vater und mein Onkel (ich hatte mir gedacht, die schliefen längst) saßen vor dem Haus. Bei einer Schachpartie. „Es ist zehn Uhr", stellte mein Vater streng fest. „Wo warst du, mein Sohn?" Ich stotterte: „Ich habe mich vergangen." Darauf der Papa: „An wem?"

Daraus entstand, dass ich schon in frühester Kindheit das hatte, was man bei uns zuhause als „Grogo" bezeichnete und was nichts anderes bedeutete als eine große Gosche. Ein ausgeprägtes Mundwerk, das jene, die mir zuhörten, schon in meiner frühesten Kindheit erstaunte. Ich war etwa zweieinhalb Jahre alt, als ich auf einer Zugfahrt mit meiner Großmutter im Abteil eine Banane verzehrte. Ein Mitreisender fragte, um irgendein Gespräch in Gang zu bringen, meine Oma, ob ich denn schon sprechen könne. Die nickte. Er glaubte ihr nicht. Als ich die Banane heruntergeschluckt hatte, meinte ich: „Selbstverständlich kann ich sprechen. Aber wie Ihnen wohl geläufig sein dürfte, spricht man nicht mit vollem Mund." Da blieb ihm der seine offen ...

Das große Mundwerk sollte mir in den nächsten Jahrzehnten gehörig helfen. Zum anderen verstand ich sehr früh, dass eines der Geheimnisse des Erfolges im richtigen Artikulieren der eigenen Wünsche liegt. Und das wesentliche Element davon ist neben der Formulierkunst die Stimme. Und deren Klang, Klangfarbe und Intensität.

Ich wurde mit einer relativ tiefen, sonoren Stimme ausgestattet. Das kam mir immens zugute. Ich habe meine Klangfarbe immens gepflegt. Durch ständiges Üben. Vor dem Spiegel. Schauspieler wie Oskar Werner waren meine Idole. Die André Hellers, Gerhard Bronners und Helmut Qualtingers haben mich geprägt. Sie alle hatten eines gemeinsam: ein ganz eigenes, sofort erkennbares Sprachidiom. Sowie die Gabe, mit einem gewissen abgehobenen Zynismus zu formulieren. Und damit die Fähigkeit, das von ihnen Gesagte viel nachhaltiger rüberkommen zu lassen, als wenn es nur so einfach dahergenuschelt wird.

Wenn Sie also reich werden wollen, dann sollten Sie sich zuerst Ihre eigene Stimme anhören. Wenn sie schrill oder zu hoch ist, wenn Sie kurzatmig oder abgehackt sprechen, wenn Sie Satzsequenzen verschlucken oder unter einem apikalen S leiden (sprich: Ihre Zunge an den Zähnen anstößt und sie deshalb zuzeln), dann haben Sie Handlungsbedarf ...

So sollten Sie denn zuallererst Ihre Stimme in Schuss bringen. Denn das, was Sie dann inhaltlich sagen werden, um anderen Ihre Wünsche zu oktroyieren (am besten, ohne dass denen das auffällt beziehungsweise ohne dass es denen Kopfzerbrechen bereitet), wird nur dann funktionieren, wenn die Botschaft, die Sie transportieren, klar, deutlich verständlich, eindringlich und nachhaltig ist.

Nun zum Thema Ausbildung: die wichtigste Voraussetzung, um reich zu werden. Wir, im mitteleuropäischen Humus einer guten Erziehung, einer guten Schulbildung und aller Möglichkeiten, sich selbst weiterzubilden, haben es da natürlich erwiesenermaßen leichter. Ein „Müllkind" in Neu-Delhi wird kaum eine Chance haben, seinem Schicksal zu entkommen. Das ist zwar traurig, aber wahr.

Über den österreichischen Bundeskanzler Sebastian Kurz sagen seine Mitarbeiter hinter vorgehaltener Hand, er sei ein „Schwamm". Der Mann liest alles, informiert sich breit und lässt sich ununterbrochen Wissen zutragen. Bekanntlich ist Wissen Macht. Wissen eröffnet Möglichkeiten. Und so sollten Sie, wenn Ihre Ausbildung in Ordnung war und die Stimme gepflegt wurde, das machen, was auch zur Hauptdoktrin meines Lebens wurde: immer bestens informiert sein. Wissen aufsaugen, um den Leuten zu vermitteln, dass man dort, wo man sich geschäftlich bewegt, firm und kompetent ist. Nur dann wird man Ihnen etwas abkaufen.

Eine der wichtigsten Voraussetzungen, um reich zu werden, ist, dass man ein klares Ziel vor Augen hat. Einen Orientierungspunkt, dem man sich mit Engagement nähern sollte. Der alte Qualtinger-Satz „I hob' zwoar ka Ahnung, wo i hinfoahr, aber dafür bin i gschwinder durt" ist absolut tödlich. Deswegen sollten Sie sehr lange über Ihre Talente nachdenken und genau definieren, womit Sie am Schluss Erfolg haben möchten. Auf dem Weg mehrmals zu scheitern oder es dann einfach erst beim zweiten oder dritten Anlauf zu schaffen, gehört dazu. Davon darf man sich nicht aus der Ruhe bringen lassen.

Nehmen wir etwa Wolfgang Cyrol, einen Mann, der mit etwas so Irrwitzigem wie „NeuroSocks" zum Millionär geworden ist. Lebensgeschichten wie seine gibt es weit öfter, als man es glauben würde.

Ein Mann, der durch sein außergewöhnliches Outfit, seine Nichtkonformität, seine Nichtuniformität und seinen ungebremsten Einfallsreichtum besticht. Sein Credo lautet: „Ich habe keine Fabrik. Keine Mitarbeiter. Ich habe nur meine Ideen."

Und – es gab da ein Ereignis, das über die sozialen Medien ausgelöst wurde. Der ehemalige dreifache Ruderweltmeister Gernot Faderbauer war mit Cyrol regelmäßig in Facebook-Kontakt. Faderbauer, ein Österreicher, der in Toronto lebt, hatte einen kanadischen Entrepreneur in seinem Freundeskreis: Jay Dhaliwal – der 48-Jährige hatte etwas völlig Schräges produziert: Er war von der Idee besessen, in Socken neurologische Muster zu implementieren, die das Körpergefühl komplett verändern. Etwas Alltägliches wurde aufgewertet. Die Sache klappte in Kanada bestens. Gesucht wurde in der Folge auch ein Partner in Österreich. Über den Kontakt mit dem Ruderfreund kam Cyrol mit dem Kanadier zusammen.

Ein Jahr lang dauerte die Versuchszeit. Dann war Cyrol pleite. Daraufhin folgte die Fernsehshow „2 Minuten 2 Millionen". „Dort", so meint er heute wörtlich, „wurde ich zwar nicht eingeladen, war denen aber so lange lästig, bis sie mich in die Sendung holten." Was folgte, war ein unvorstellbarer Erfolg. Heute leitet der Mann die Europasektion von „NeuroSocks", kommt freilich nach eigenen Angaben nur dazu, Österreich, Deutschland und die Schweiz zu betreuen, „weil wir nicht wissen, wie wir mit der Fülle der Aufträge und dem Multiplikatoreffekt zurechtkommen."

Cyrol ist irgendwie mit Dietrich Mateschitz zu vergleichen. Mit dem Red-Bull-Begründer, dessen bestes Marketing ist, dass er keine Kommunikation betreibt. Der dadurch berühmt und weltweit erfolgreich geworden ist, dass er kaum an die Öffentlichkeit tritt. Woraus natürlich folgt, dass dann, wenn Didi, der Bulle, etwas von sich gibt, das zehnmal so laut gehört wird, als wenn einer sich täglich wichtigmacht.

Wir lernen daraus: Aus Scheitern wird man klüger. Und – wenn man etwas konsequent macht, daran glaubt und sich in seine Idee verbeißt, dann kann sie auch funktionieren. Bei manchen früher. Bei anderen später. Bei vielen nie. In meinem persönlichen Fall habe ich in meiner frühen Studentenzeit, als ich ein armer Hund war und das karge Verköstigungsgeld meist schon zur Monatsmitte ausging, durch die Fügung des Schicksals verstanden, was meine Bestimmung sein wird.

Aus meinem Elternhaus im Streit ausgezogen, auf mich völlig alleine gestellt, ohne jedwede Unterstützung versehen, musste ich mir irgendwie meinen Lebensunterhalt neben dem Studium selbst verdienen. Und eine Fügung wollte es, dass ich auf ein Inserat stieß, in dem „Manager" für eine Produkteinführung gesucht wurden. Das hatte etwas. Also begab ich mich zur Firma ILS, die damals am Schwedenplatz ein Büro betrieb. Dort trafen unzählige Minderbemittelte zusammen, die alle knapp vor dem Verhungern waren und nach jedem Strohhalm griffen, nur um sich durchs Leben zu lavieren. In einem kargen Besprechungsraum enthüllte uns ein sogenannter Manager (ein eher windiger Typ) mit schlecht sitzendem Anzug, proletoid, ungebildet und wichtigtuerisch, was wir tun müssten, um uns „blöd" zu verdienen. Es gebe da ein englisches Lexikon, das im Einführungsangebot den Menschen gratis zur Verfügung gestellt werde. Wir würden Postkarten mit Namen und Adressen erhalten und sollten den Leuten schmackhaft machen, diese 20-bändige Enzyklopädie zu bestellen. Der Haken kam am Schluss: Die Menschen brauchten nur in den nächsten zehn Jahren den Ergänzungsband zu bezahlen. Und der kostete jährlich stolze 1.700 Schilling.

Das Ganze war, wie sich bald herausstellen sollte, nichts anderes als eine geniale Verkaufssekte. Mit dem Jahrband-Kaufen (am Schluss des Ganzen drückte man den Leuten einen 36-monatigen Kredit aufs Auge) war das gesamte Lexikon mit fettem Gewinn bezahlt.

Wenn ich diese Geschichte heute leichten Herzens erzähle, dann mit dem Wissen, das ich mir zwischenzeitlich angeeignet habe. Damals glaubten wir allesamt, dass das wirklich eine Promotion-Aktion war. Dass die Leute etwas geschenkt bekamen. Dass wir die Botschafter der englischen Sprachausbildung in Österreich wären. Also schwärmten wir aus. Von 20 Sales-Managern „überlebte" gerade einmal einer. Das Verkaufsgespräch, das wir auswendig gelernt hatten, war zwar psychologisch genial aufgebaut. Aber nur die wenigsten schafften es, das am Point of Sales rüberzubringen.

Die Übung ging bei all jenen schief, die bei ihren Hausbesuchen den auswendig gelernten Text herunterleierten. Bei mir lief das anders. Und ich begriff das erste Mal in meinem Leben, dass mich der Herrgott mit einer ganz besonderen Gabe ausgestattet hatte: überzeugend argumentieren zu können. Das, was ich präsentiere, glaubhaft vorzutragen. Und mit solchem Nachdruck den Menschen anzubieten, dass die freudig meinen Vorschlägen zustimmen.

Womit wir beim Punkt „unverschämt" im Titel dieses Buches wären. Sie müssen sich das so einmal vorstellen: Da machte man telefonisch einen Termin mit Menschen aus, die man zuvor noch nie gesehen hatte. Verlangte von denen im Vorgespräch, sich vollzählig zur Lexika-Präsentation zu versammeln. Und drang dann in deren Wohnung ein. Die Sitzordnung bei Tisch bestimmte nicht der Gastgeber, sondern der Verkäufer. Es war eigentlich völlig irrwitzig, was da abging. 45 Minuten später war so ein Vertrag unterschrieben. Die Kunden leisteten 500 Schilling Anzahlung in Barem.

Da ich – Gott sei Dank – nicht völlig naiv bin, begann ich nach einiger Zeit, die ganze Sache zu hinterfragen. Und realisierte, dass es sich dabei um nichts anderes als einen aufgeblähten Verkaufstrick handelte. Und kehrte der Sales-Sekte den Rücken.

Doch danach wusste ich, dass ich verkaufen kann. Dass ich verhandeln kann. Dass ich überzeugen kann. Dieses Talent galt es, zu verfeinern. Also nahm ich das Verkaufsgespräch und setzte es bei einem anderen Produkt selbstständig auf, übernahm die Argumentation und verkaufte in der Folge einige Monate lang AMC-Kochtöpfe. Detto mit gewaltigem Erfolg.

Meine Kaffeehausfreunde konnten es nicht fassen, dass der schmächtige 19-Jährige eine derart prall gefüllte Geldtasche hatte. Und mit links Lokalrunden schmiss. Ein gewisser Dr. Adolf Löwy, ehemaliger „Presse"-Wirtschaftsredakteur, gelernter Marktforscher und bei der Fachzeitschrift „Regal" tätig, wurde auf mich aufmerksam. In der Folge lud mich Manfred Schuhmayer ein, beim „Regal" zu arbeiten. Im Verkauf.

Nun war mir schon damals klar, dass ich mein Dasein niemals, niemals, niemals à la longue als unselbstständiger Lohnkassierer fristen wollte. Reich (und ich wollte das mit jeder Faser meines Herzens sein) würde nur einer, der den wahrhaftigen Profit einheimst. Und das ist definitiv nur der Unternehmensgewinn. Mich mit irgendeiner Kommission oder irgendeinem Erfolgsprozentsatz abspeisen zu lassen – danach trachtete ich nie. Aber ich musste mir erst Branchenwissen aneignen. Und das lernte ich bei „Regal".

Nach einem Jahr hatte ich genug gelernt, um mich selbstständig zu machen. Die Trennung ging freilich anders über die Bühne, als ich das erwartet hatte: Ich werkte als freier Mitarbeiter bei „Regal" mit 15.000 Schilling Fixum und hatte Arbeitszeiten von 8:00 bis 17:00 Uhr. Also eigentlich ein klassisches Angestelltenverhältnis. Doch die Lohnnebenkosten sparte er sich, der clevere Schuhmayer. Als ich allerdings eines Tages um 8:09 Uhr ins Büro kam und ordentlich zurechtgewiesen wurde, war die Sache für mich vorbei. Heute weiß Schuhmayer, dass es ein Fehler war, mit mir um diese paar Minuten zu streiten: „Ich hätte Sie streicheln, mit viel Freiraum und viel mehr Gage ausstatten sollen. Dann wäre ich reich geworden. So wie Sie." Nun, ich glaube nicht, dass es so gekommen wäre. Ich hätte sowieso meinen Abschied genommen. Eher früher als später.

Danach ging es Schlag auf Schlag. Ich heuerte bei einem anderen Verlag, dem A3-Verlag, an, arbeitete dort einige Monate als Anzeigenverkäufer (von Anfang an war geplant, dass wir die Zeitschrift „A3 Fremdenverkehr" gemeinsam mit Dr. Adolf Löwy kaufen sollten) und schaute mir dieses Unternehmen einmal von innen an. Schließlich wollte ich ja nicht die Katze im Sack kaufen. Nach einigen Monaten begriff ich, dass die Eigentümer des A3-Verlages sich besonders gut aufs Kartenspielen verstanden. Und in Wahrheit faule Hunde waren. Und dass diese Zeitschrift ein immenses Potenzial barg: Der Tourismus befand sich in Österreich in einem sensationellen Aufwind.

Die Branchen Gastronomie, Hotellerie und Touristik schienen mir auch deshalb spannend, weil ich für mein Leben gerne reise, unterwegs bin und nichts lieber tue, als gut zu essen. Also übernahmen wir die Zeitschrift, die schon im ersten Rumpfjahr einen ersten Millionengewinn (in Schilling) mit Löwy als Chefredakteur und mir als Verkaufsleiter einfuhr.

Löwy (als Geschäftsführer) ließ sich von allen übervorteilen. Zu allem Überfluss wurde der liebenswürdige, kleine

Mann noch dazu von einer „Freundin" abgezockt. Und jedes Mal, wenn sich Gelder aus der Firmenkassa verabschiedeten, musste ich den unerwarteten Verlust ausgleichen. Mit knapp 25 war ich mit Löwy fertig. Mit 30 hatte ich das erste Dutzend Millionen (in Schilling) auf dem Konto. Schwierig daran war nur eines: Als sich Löwy wegen eines wilden Bankenritts als Chefredakteur verabschiedete, stand ich plötzlich ohne Chefredakteur da. Ich hatte selber kaum etwas publiziert, da ich einzig für Marketing, Verkauf und Vertrieb verantwortlich war. Also galt es, von der Pike auf Journalismus zu lernen. Und das während des laufenden Betriebs. Ein schier unmögliches Unterfangen.

Eine ganze Reihe von Journalisten, von „Trend"-Chefredakteur Lajos Ruff bis zum legendären und brillanten Alfred Mantl, feilte an meiner Formulierkunst. Und nachdem mich Ruff eine Titelgeschichte über Friedrich Jahn siebenmal hatte umschreiben lassen (die war lächerliche 26 Schreibmaschinenseiten lang), war ich auch da im Geschäft. Ich hatte meine Lektion gelernt, konnte jetzt tadellos formulieren und schreiben – journalistischen Handwerksregeln folgend: Zahlen von eins bis zehn ausschreiben; es gibt keine Herren oder Frauen; erst wird der volle Name genannt, danach nur mehr der Nachname; keine Wortwiederholungen; kurze Sätze; nicht allzu kompliziertes Schreiben; „anstrengende" Fremdwörter vermeiden; kurze Titel setzen; knappe Vorspänne formulieren; pointierte Bildlegenden überlegen; eine straffe Gliederung finden; auflockernde Zwischentitel einbauen und vieles mehr.

Jeder weitere Schritt in meinem Leben diente nur mehr dazu, mein Verlagsunternehmen auszubauen. Es galt, wie schon beschrieben, bekannt zu werden. Dafür fiel mir der Restaurant-Guide „Der Mucha" ein.

Womit wir zu einem weiteren wichtigen Punkt kommen: Um vermögend zu werden, muss man Ideen haben. Eingebungen. Kreativ sein. Wer nun glaubt, dass Kreativität eine Gottesgabe ist, wo dir die Einfälle vom Himmel wie Tauben zufliegen, der ist völlig schief gewickelt. Und diesbezüglich hatte ich wieder Glück in meinem Leben. Denn das gehört – zu einem gewissen Maße – auch zum Erfolg dazu.

Löwy war mit dem genialen Markt- und Motivforscher Ernest Dichter befreundet. Einem jener herausragenden jüdischen Intellektuellen, die in ihrer Bedeutung durchaus an einem Sigmund Freud heranreichen, allerdings wurde Dichter viel weniger bekannt als der Erfinder der Psychoanalyse. Dichter war nach Amerika ausgewandert und betrieb dort ein Unternehmen, das sich auf die Beratung von großen Konzernen spezialisiert hatte. Er war der Gegenspieler von Vance Packard, einem amerikanischen Journalisten und Sozialkritiker, dem mit seinem Band „Die geheimen Verführer" ein Weltbestseller gelang. Darin schilderte Packard, wie die Menschen mit allerlei psychologischen Tricks allerorts auf dieser Welt manipuliert, übervorteilt und verkäuferisch in die für die Anbieter genehme Richtung gelenkt wurden. In den Fünfzigerjahren war dieses Enthüllungsbuch eine Sensation. Dichter war der Player auf der anderen Seite. Er erfand die Tricks für die Unternehmen. Entwickelte Werbestrategien. Und machte aus hilflosen Unternehmen Verführer, die die Konsumenten einkochten. Ich hatte das Vergnügen, Dichter in seinem Backsteinhaus in New Jersey höchstpersönlich zu treffen und erhielt von ihm ein Privatissimum in Sachen Kreativität, das natürlich den Rahmen dieses Buches bei Weitem sprengen würde.

Sein Wissen ist in dem Buch „Ernest Dichter – Doyen der Verführer", das 2007 im Mucha Verlag erschienen ist, beschrieben. Seine These lautete (stark verkürzt): Kreativität fällt nicht vom Himmel. Kreativität ist operationalisierbar. Kreativität ist das Ergebnis einer qualitativen Umfrage, wo man um ein Problem in einem Kreis herumgeht und es von allen Seiten beleuchtet und betrachtet. Plötzlich findet sich ein völlig neuer, überraschender Blickwinkel, auf den noch niemals zuvor jemand anderer gekommen ist. Da setzt man sich drauf. Und schon ist man kreativ.

Wenn Ihnen das zu theoretisch klingt, dann lassen Sie mich das an einem konkreten Beispiel erläutern: Dichter war Konsulent eines amerikanischen Automobilkonzerns. Die wollten ihr neues Modell, das für den gutbürgerlichen Mittelstand gedacht war, möglichst erfolgreich bewerben. Also beauftragten sie den Motivforscher, für sie ein Konzept zu entwickeln. Dichter stellte einen langen Fragebogen zusammen, in dem er Autobesitzer über ihre Fahrzeuge befragte, und stieß auf etwas völlig Unerwartetes. Das mögen Sie gleich ganz schnell bei sich selber ausprobieren: Er fand heraus, dass jeder, aber wirklich jeder auf der Welt, sich an eines ganz genau erinnern kann: an seine erste Liebe. Und – an sein erstes Auto. Jeder verbindet mit dem ersten Fahrzeug, das er in die Finger bekommen hat, eine ganz besondere, persönliche Geschichte.

Die logische Konsequenz daraus: Dichter schlug seinem Kunden vor, erstmals in der Geschichte der Werbung in den Vereinigten Staaten zwei Fahrzeuge in einem Inserat abzubilden. Das war revolutionär. Denn bis dato gab es entweder Abbildungen von Fahrzeugen, auf denen Vater, Mutter, großer Sohn, kleine Tochter und Hund posierten, oder ein mehr oder weniger spärlich bekleidetes Pin-up-Girl zierte die Werbung.

Bei Dichter sah das dann so aus: Das 15 Jahre alte Einsteigermodell der Automarke wurde im Inserat abgebildet. Und daneben das neue zu bewerbende Fahrzeug. Darunter (sinngemäß) der Text: „Vor 15 Jahren waren Sie ein Berufseinsteiger. Heute sind Sie aufgestiegen. Damals sind Sie unser Modell XY gefahren. Jetzt sind Sie bei jenem Status angelangt, sich unser neues Modell Z leisten zu können."

Um es kurz zu machen: Die Sache wurde der größte Erfolg der amerikanischen Automobilwerbung bis zu diesem Tag. Die Kampagne ging durch die Decke. Dichter war über Nacht ein gemachter Mann.

Ich saugte das Dichtersche Wissen in mich auf und sollte es von da an regelmäßig für meine eigenen Zwecke nutzen. So viele Ideen in meinem Leben verdanke ich der Methode, Kreativität zu operationalisieren. Vom Restaurant-Guide „Der Mucha", wo mir auffiel, dass alle nur über die Küche reden und keiner über das Service - und dabei regten wir uns doch alle so über die Bedienung auf - bis zur ersten Ausgabe der ersten Zeitschrift weltweit, die auf einem eineinhalb Millimeter dünnen Flatscreen, im Titelblatt integriert, ein 45-minütiges TV-Programm brachte, das durch das Aufblättern des Titels automatisch aktiviert wurde. Mit dem „Mucha" landete ich einen Bestseller und verkaufte mit der ersten Ausgabe innerhalb kürzester Zeit 46.400 Exemplare. Mein Flatscreen am

Cover bescherte mir 350.000 Euro Gewinn. Nicht schlecht für eine schnelle Idee.

Dichters Methode hat mir in hunderten Fällen in den letzten Jahrzehnten geholfen. Am meisten Freude hat es mir bereitet, wenn sich damit beim ersten Blick schier unmöglich zu lösende Probleme meistern ließen. So wie seinerzeit, als ich in einer gemütlichen Freundesrunde beim Heurigen saß. Zwangsläufig kam das Gespräch auf meine Tätigkeit als Verleger. Postwendend kriegst du dann dein Schmalz in Sachen Macht ab.

„Auch du, mein Lieber, hast so deine Grenzen", ätzte mein Freund Gustav. Der weiß, wie sehr ich ihn mag. Und sich deshalb viel mehr leisten kann als all die anderen. „Du irrst", schoss ich zurück. „Dort, wo andere sich vor Angst in die Hosen machen, gehe ich wie ein heißes Messer durch die Butter. Bei mir gibt es nichts, was mich aufhalten würde. Ich bin nämlich weitgehend angstfrei."

„Was für ein Blödsinn", konterte Gustav wütend. „Ich sag dir jetzt sofort, was du nie kannst. Zum Beispiel (er rang nach Worten) kannst du deinen Lesern nicht aufs Cover schreiben ‚Lecken Sie mich'." Mein Zögern währte nur einen Wimpernschlag. „Ich kann", entgegnete ich. Die darauffolgende Wette würde im Fall des Unterliegens teuer werden. Alle meine Freunde (und das war eine große Runde) schlossen sich dem Spiel an. Auf dem Heimweg grübelte ich. Etliche schlaflose Nächte später hatte ich die Lösung. Und sie war (dank Dichters Methode) nicht nur einfach, sie brachte auch Geld ein. Wer sagt's denn…

Ich beschloss, dass wir eine Titelgeschichte zum Thema „Rache" verfassen. Wir brauchten nur herauszufinden, wer sich an wem wie, mit welcher Methode und ganz besonders möglichst kreativ an seinen Widersachern gerächt hatte. Üblicherweise erzählt einem das keiner. Aber ehemalige Mitarbeiter, die von ihren Unternehmen im Streit geschieden sind, ergötzen sich mit größtem Vergnügen daran, wenn der Ex-Chef von jemandem, mit dem er im Streit war, ordentlich eingetunkt wurde. Findest du die, dann hast du die Geschichte. Und die brachten wir.

Ein spannendes Thema. Jetzt galt es, die Titelseite zu gestalten. Und dort musste „Lecken Sie mich" stehen. Eine Dichtersche Umfrage unter all meinen Freunden, was sie mit dem Thema „Rache" verbinden, brachte blitzschnell die Lösung. Jedem Zweiten fiel der Satz „Rache ist süß" ein.

Also kontaktierte ich den Geschäftsführer des „Wiener Zucker" und fragte ihn, ob er einen Spezial-Zucker anzubieten hätte. Hatte er. Es gab damals ein neues Produkt, das nach Vanille schmeckte. Ich machte mich auf die Suche nach einer Firma, die Vanillezucker-Sirup herstellt. Das italienische Unternehmen vergaßen wir. Mit dem deutschen machten wir das Geschäft.

Emsige Arbeiter in der Druckerei Berger trugen auf den Titelseiten der Hefte einen Vanillezucker-Film auf. Darunter hatten wir den Cover mit Speziallack versiegelt. Lebensmittelecht. Auf dem Cover stand dann „Lecken Sie uns". So wie meinen Freunden versprochen. Mit dem Text: „Finden Sie heraus, wonach die Rache schmeckt. Gewinnen Sie wertvolle Preise, die von Wiener Zucker zur Verfügung gestellt wurden." Und die zahlten ein ordentliches Werbegeld dafür. Der Geschäftsführer und ich lachen heute noch darüber, was wir da gemeinsam auf die Beine gestellt haben. Und meine Freunde haben gebrannt wie die Luster …

Wobei es der alles entscheidende Faktor war, dass ich immer dann, wenn ich von etwas überzeugt war, mit immenser Konsequenz an die Umsetzung ging. Ich sehe das so:

Ich vergleiche das Leben mit einer Wäscheleine, die laufend in Bewegung ist. An der verschiedenfarbige Tücher hängen, die an Ihnen vorüberziehen. Das rote Tuch, jedes dreißigste, ist eine Chance. Wenn jedes dreißigste Tuch eine gute Gelegenheit symbolisiert, dann reagieren die meisten Menschen darauf, indem sie sagen: „Schau, da ist eine Option. Na ja, es kommt eh wieder die nächste." Und warten, bis das nächste rote Tuch daherkommt. Ich für meinen Teil habe immer, wenn die Farbe Rot dahergekommen ist, die Hand ausgestreckt und zugegriffen. Und die Sache sofort realisiert. Was zum Beispiel im Fall des Flatscreens gar nicht so einfach war. Weil man erst einen Hersteller finden musste, der einen eineinhalb Millimeter dünnen Flatscreen, der in eine Zeitschrift integriert wird, im Sortiment hat. Was damals immens teuer war. Und 24,80 Dollar pro Stück kostete. Da muss man schon ein großes Herz haben, wenn man davon über 10.000 Stück bestellt …

Doch nun zum wichtigsten Teil des Reichtums: Wie man anderen seinen eigenen Willen aufzwingt, ohne dass sie sauer sind. Ein schwieriges Unterfangen, meinen Sie? Nun, diese Passage stellt wohl das größte Geheimnis meines Lebens, aber auch den wichtigsten Part meines Erfolges dar. Eigentlich ist die Sache watscheneinfach. Und sie hat etwas mit dem Wort „unverschämt" zu tun. Und irgendwie ist das, was ich jetzt in der Folge erklären werde, jedem klar. Aber genauso klar ist es wohl für Menschen, dass Rauchen Lungenkrebs verursacht. In jedem Fall. Nur erleben den Krebsausbruch manche nicht. Und sie tschicken trotzdem weiter. Wer eine empfindliche Verdauung hat, der weiß, dass Pasta Unangenehmes auslösen kann. Wir wissen demnach alle, dass der Geist willig, aber das Fleisch schwach ist. Und dass wir all jene Regeln, die unser eigenes Leben erfolgreich machen würden, nur unzulänglich oder kümmerlich befolgen.

Von den begabten Lexika-Verkäufern habe ich gelernt, dass es nicht genügt, eine gute Idee zu haben. Man muss sie auch verkaufen können. Ein kluger Mann hat einmal gesagt, dass die Arbeit eines begabten Verkäufers erst dann beginnt, wenn der Kunde das erste Mal „Nein" gesagt hat. Und diese „Neins" zu überwinden, die zwangsläufig in jedem Gespräch auftauchen, die Widerstände zu begradigen und am Schluss mit einem eigenen Angebot durchzukommen, ist das höchste aller Ziele, die man beim Verkauf erreichen kann. Mir war immer klar, dass es nicht genügen würde, hervorragenden Journalismus zu bieten, die Leser umfassend zu informieren, ein bestens ausgestattetes Produkt auf dem Markt zu positionieren, sondern dass dazu auch die Bereitschaft der Kunden vonnöten ist, gutes Werbegeld in meine Medien zu investieren.

Für eine Tageszeitung fehlte mir das Kapital. So etwas kostete schon vor etlichen Jahrzehnten umgerechnet ungefähr 100 Millionen Euro. Auch eine Wochenzeitung konnte ich - mangels Kapital - nicht stemmen. Also beschloss ich, mich auf das Feld der Fachzeitschriften zu wagen. Kleine, überschaubare Auflagen, eine klar definierbare Zielgruppe, eine gute Leser-Blatt-Bindung und Erreichbarkeit eines ganzen Segments mit Spezialinformationen. Das war leichter zu finden, machte richtig Spaß und konnte einen guten Profit abwerfen. In den besten Jahren waren das 35 Prozent nach Steuern. Ähnliches Geld machte man nur mit Prostitution, Drogen- und Waffengeschäften. Halt – ich habe eines vergessen: das Geschäft mit der Religion. Mit Medien konnte man also gewaltig Geld machen. Aber: Nur dann, wenn man imstande war, auch Inserate zu verkaufen. Nun könnte ich Ihnen hier 300 Seiten lang die Tricks und Kniffe des Werbungsverkaufs erläutern. Vergessen Sie's! Aber: Ich kann Ihnen die Hauptingredienz offenlegen. Sie lautet: Akzeptieren Sie niemals ein Nein! Das klingt einfach, ist jedoch unendlich schwierig. Und für die meisten Menschen ein völlig unverständlicher, ungangbarer Weg. Dabei ist es so easy, wenn man das nur konsequent handhabt.

Wie funktioniert die Geschichte? Denken Sie einmal darüber nach, wie Sie als Kind Ihre Eltern genervt hatten, weil Sie unbedingt eine Schokolade, ein Spielzeugauto oder eine Puppe haben wollten. Besonders schwierig wurde es dann, wenn die Eltern gegen Waffen waren und man als kleiner Bub unbedingt einen dieser wunderbaren Spielzeugrevolver besitzen wollte.

Wie ich es geschafft habe? Nun, so wie alle anderen Kinder auf der Welt: Ich habe meine Eltern so lange mit neuen Argumenten genervt, bis ihnen die Kraft ausgegangen ist. In meinem speziellen Fall kam mir zugute, dass meinem Erzeuger der unfassbare Lapsus widerfuhr, auf meinen 12. Geburtstag zu vergessen. Der fiel auf einen Sonntag – da hatten alle Geschäfte zu. Nur der Markt in Zwettl, wo wir unsere Sommerfrische verbrachten, war geöffnet. An diesem Tag bekam ich meinen Spielzeugrevolver.

Warum ich Ihnen das erzähle? Weil wir als Kinder zwar alle rücksichtslos handeln, im späteren Lebensalltag aber genau das abgelegt haben. Dieses unglaubliche Wissen, dass Menschen dann, wenn man sie nur lange genug in eine Richtung anbohrt, irgendwann einmal aufgeben.

Machen Sie doch einmal den Versuch in Ihrem näheren Umfeld! Sie müssen dabei Folgendes beachten: Es gibt da etwas, das Sie wollen. Und das der andere nicht unbedingt will. Zustimmung ist nur schwer zu bekommen. Immer neue Neins stehen Ihnen im Weg. Doch die wollen Sie überwinden. Umschiffen. Jetzt müssen Sie sich also im Vorfeld möglichst viele gute, schlagkräftige Argumente, mit denen Sie die stets neu eintrudelnden Neins wegräumen, überlegen und möglichst blendend ausformulieren. Verschießen Sie das Pulver nicht beim ersten Mal! Sie machen einen Vorschlag. Das Gegenüber lächelt und sagt: „Nein." Sie wiederholen den Vorschlag mit einem brillanten, völlig unerwarteten Argument, schauen Ihren Gesprächspartner an – aber das Gegenüber bleibt beim Nein. Und jetzt entsteht ein überaus faszinierendes Phänomen: Sie können es ja ausprobieren. Es klappt garantiert. Fünf von zehn Gesprächs-Widerparte knicken etwa beim fünften, sechsten Anlauf von Ihnen, jeweils garniert mit einem neuen Argument, ein. Sieben von zehn geben beim zehnten Mal auf. Ich habe gelernt, dieses Spiel bis zu 12 Mal zu wiederholen …

Wenn man also ein wahrhaftig gutes Angebot in petto hat und auf diese Weise die Widerstände ausräumen kann, dann wird die eigene Verkaufsquote plötzlich gewaltig steigen.

Dann funktioniert das, was man an geschäftlichem Kapital benötigt, plötzlich wie von selbst.

Wenn Sie mir, geschätzte Leser, versprechen, dass Sie die nun folgende Erkenntnis niemals zu meinen Lebzeiten gegen mich einsetzen werden, dann verrate ich Ihnen auch jene Formulierung, bei der gewiefte Verhandler sofort aufgeben. Wenn jemand sagt: „Ich kann das nicht machen, weil wir kein Budget haben, weil die Marktlage so schlecht ist oder weil wir heuer bereits alles ausgegeben haben", dann lässt sich das mit einem guten Argument schnell zur Seite schieben. Für eine Sache, die neues Geschäft generiert, gibt es immer Geld – so muss man darauf replizieren! Ein neues Geschäft ist doch ein Vorteil, nicht wahr? Und flugs haben Sie dieses Problem überwunden.

Nur ein Argument wirkt tödlich. Es lautet: „Ich will nicht." Das „Ich will nicht" ist eine persönliche Artikulierung des Gesprächspartners, die seine Abneigung signalisiert. Die auf Emotionen und nicht auf Argumenten beruht. Und wenn Gefühle ins Spiel kommen, dann ist's mit den Argumenten vorbei. Dann gilt es, sich zu fügen und höflich zu verabschieden. Wie gesagt: Bitte benutzen Sie dieses Wissen niemals gegen mich.

Sohin endet dieser Band mit einem ziemlich schrägen Geständnis. All meinen Erfolg verdanke ich letztendlich der Tatsache, dass ich niemals nachlasse. Dass ich den Leuten so lange auf die Pelle rücke, bis ich das, was ich brauche, von ihnen bekomme.

Dazu gehört, dass ich mich gut organisiere. Telefonlisten vorbereite. To-do-Charts erstelle. Und das, was ich mir vorgenommen habe, konsequent, stetig und fleißig abarbeite.

Daraus entsteht, dass die Abschlussquote von Verkäufen, die ich selber tätige, weit besser als die von anderen, die akquirieren, ist. Ist es im Verlagsgeschäft üblich und Standard, dass bei 15 Versuchen der Verkäufer mindestens zweimal Erfolg haben muss, dann gelingen mir von 15 Versuchen 12. Was natürlich der Rentabilität meiner diversen Unternehmungen sehr zuträglich ist.

Verbunden mit dem Wissen, dass immer irgendetwas geht (bei Prüfungen gibt es immer eine Gruppe, die garantiert durchfällt; und das sind jene, die nicht antreten), muss man dieses Wissen nur konsequent umsetzen. Dass es dafür durchaus großer Selbstüberwindung bedarf, dass es dafür Selbstdisziplin braucht (und auch starke Steherqualitäten gehören dazu), liegt in der Natur der Sache.

Es soll Geschäftspartner geben, die ob meiner Hartnäckigkeit nicht besonders erbaut waren – das ist der Kollateralschaden von derartigem Handeln. Aber: In tausenden Fällen habe ich den Auftrag schlussendlich erhalten, weil mein Gegenüber folgende Sätze gesagt hat: „Eigentlich hätte ich Ihnen diesen Auftrag niemals erteilt. Aber ich habe in diesem Gespräch viel von Ihnen gelernt, Herr Mucha. Deshalb gehen Sie mit dem Auftrag nach Hause. Und – ich schneide mir jetzt eine Scheibe von dem ab, was Sie mir hier und heute beigebracht haben."

Womit wir beim Sinn dieses Buches wären. Zumindest von meiner Seite. Vielleicht können Sie sich ein Scheibchen von meinem Erfolg abschneiden. Und vielleicht versuchen Sie ja das eine oder andere von dem, was ich Ihnen ohne Scheu und ehrlich verraten habe, in der Praxis. Sie werden ihr blaues Wunder erleben. Denn all das funktioniert. Versprochen.

Wie findet frau in der Society einen unverschämt reichen und berühmten Mann?

Von Robert Sommer

Wer glaubt, das schwache Geschlecht wäre im Kampf um eine Pole-Position in diesem Rennen des Lebens automatisch stärker besetzt, irrt gewaltig. Viele Frauen sind nämlich unverschämt intelligent, was sich rasch als tonnenschwerer Nachteil herausstellen kann. Damit disqualifizieren sie sich für einen nicht unbeträchtlichen Teil der feinen Männergesellschaft, dem es mehr um innere Werte geht: also die Verherrlichung ihrer selbst durch dämliche Bewunderer.

Die Zehn Gebote der Society sind daher nicht erst seit Moses, sondern schon seit Adam und Eva in Stein gemeißelt, sie sollten in der genetischen Software weiblichen Seins gespeichert sein – wobei das erste davon das mit Abstand wichtigste ist, wenn es darum geht, mit Hilfe eines reichen und berühmten Gatten ein berauschendes Dasein im Überfluss führen zu können. Bei der paradiesischen Zwei-Personen-Party der beiden ersten Menschen überhaupt war zwar die Anzahl ihrer Nebenbuhler noch relativ gering, dennoch ist Evchen allen Überlieferungen zufolge mit ihrem eigentlichen Ansinnen kläglich gescheitert und wurde trotz intensivster Bemühungen nie geheiratet. Man erklärt eben einem stolzen Penisträger keinesfalls vorlaut die Welt, auch dann nicht, wenn es sich bloß um einen Apfel handelt. Nur wer die Gebote des Herrn befolgt, kann einen Geschlechtsgenossen von ihm um den Finger wickeln:

1. Du sollst nicht klüger sein als ein Mann! Allen anders lautenden Gerüchten zufolge denken wir doch nicht mit dem Gemächt, sondern mit dem Gehirn. Es gibt zwar keinen wissenschaftlichen Beweis für diese These, aber meine persönlichen, praktischen Versuche außerhalb eines Reagenzglases zeigen eine deutliche Tendenz. Kurz gesagt: Auch ich will bei einem gesellschaftlichen Smalltalk mit der schönen Blonden durch eigene Weisheit glänzen und nicht von deren Klugheit überstrahlt werden. Das ist nämlich demütigend für jemanden, der sich Kraft seiner Geburt überlegen fühlt. Mein Ratschlag an die zahlreichen Akademikerinnen, die möglicherweise ihr Singledasein satthaben, lautet daher: Wenn ihr wollt, dass euch ein Promi an die Wäsche geht, lasst den Doktorhut zuhause! Berühmte Persönlichkeiten wollen am Allerwenigsten, dass man sie etwa über die neuesten wissenschaftlichen Erkenntnisse des marxistisch-kapitalistischen Wirtschaftswunders in China und dessen fatale Auswirkungen auf die westlichen Börsen belehrt. Wie schon einmal erwähnt: Nicht wir wollen den Mund weit aufreißen, sondern die Frauen sollen es - zumindest vor Bewunderung! Der Rest kommt dann von selbst.

2. Du sollst nicht schnattern! Taktische Versuche, durch nicht enden wollendes, dummes Geschwätz möglicherweise die eigene intellektuelle Überlegenheit zu kaschieren, führen nur äußerst selten zum gewünschten Erfolg. Vor allem wohlhabende Herrschaften leben in der Tradition, dass ihnen das

Publikum andächtig lauscht und dass es erst am Ende der (verbalen) Ergüsse lautstark applaudiert. Ein entsprechendes Verhalten ziehen die Vertreter dieser Spezies übrigens auch im Bett vor. Also bitte erst jubeln, wenn ihr sicher seid, dass alles vorbei ist! Erfahrungsgemäß dauert das beim Sex ohnehin viel kürzer als bei seinen stundenlangen Monologen davor. Frauen, die geduldig zuhören können, werden in späterer Folge für ihre Empathie belohnt. Im günstigsten Fall mit einem dicken Bankkonto, mit dem sich im Zuge des Alterungsprozesses die eigene Fettabsaugung leicht finanzieren lässt.

3. Du sollst nicht nüchtern sein! Ein elementarer, geradezu historischer Feminin-Fehler (Copyright der Definition: Robert Sommer) bei der heißen Sexschlacht auf dem rutschigen Parkett hochkarätiger Events ist, nicht die Kontrolle verlieren zu wollen. Das starke Geschlecht, vor allem die Reichen und Berühmten unter ihnen, liebt nämlich die totale Willenlosigkeit. Angehörige dieser zum Herrschen geborenen Art fühlen sich daher von nüchternen Weibchen trotz ihrer latenten Besamungswilligkeit abgestoßen. Eine alkoholbedingte Ungeschicklichkeit, wie das beliebte Ausrutschen auf dem Weg zur Toilette und das darauffolgende Verarzten durch anwesende Topmediziner, sorgt also nicht nur für notwendiges Aufsehen, sondern mit etwas Glück auch schon für das Aufgebot – um die bevorstehende Hochzeit planen zu können. Die schlichte Kombination aus den Geboten 2 und 3 lautet demnach: Sei schweigsam und betrunken und gehe mit Gott! Richtung irdisches Paradies.

4. Du sollst nicht flirten! Ein weiteres Unterwerfungsritual, das zum Ziel führt, bezeichnet man in nationalen Fachkreisen gerne als „Zurschaustellen der eigenen Bedeutungslosigkeit". Wer zu stark in die Offensive geht, nimmt sich viel zu wichtig und erzeugt beim ausgewählten männlichen Opfer sofort einen natürlichen Abwehrreflex. Sogar die freche Gottesanbeterin, die nach vollbrachtem Sexualakt ihren Partner im Regelfall abmurkst, wartet bei der Anbahnung zuvor auf dessen ersten Schritt. Und was für Insekten gilt, kann auch für Menschen nicht falsch sein - so viel gescheiter sind wir Männer ja auch wieder nicht. Je bedeutender, je erfolgreicher, je reicher und je berühmter einer von uns ist, desto mehr liebt er es, selbst zu bestimmen, mit welchem Weibchen er letztlich sein Geld teilen möchte. Wahrlich, ich sage euch, wahret den Schein, dass er über den Verlauf seines Unglücks selbst zu entscheiden vermag! Dieses Gebot muss natürlich unbedingt im Kontext mit dem nächsten betrachtet werden:

5. Du sollst nicht übertreiben! Zusammenfassend mit den bisherigen Erkenntnissen ist diese Maßnahme so zu verstehen: Posiert betrunken, aber niemals zu laut. Zeigt wortlos eure Reize. Dafür verschafft euch die Gesellschaft endlose Möglichkeiten: Aber, bitte, überspannt den Bogen auch dabei nicht! Es müssen ja noch ein paar Überraschungen übrig bleiben: Drückt ihm also nicht gleich die Implantate ins Gesicht, sonst bekommt er keine Luft mehr. Raubt ihm auf diffizilere Weise den Atem: Am Tisch neben dem Auserwählten sitzend ist es ratsam, beim Einschenken des Weines sanft und „zufällig" seine Hand zu berühren. Das macht ihn nicht nur geil, sondern auch noch schuldbewusst, weil er unhöflicherweise darauf vergessen hat, sie mit dem köstlichen Rebensaft zu versorgen. Stehend funktioniert der gute alte Trick immer noch recht gut, plötzlich das Handtäschchen fallen zu lassen und erschrocken zu quieken. Aber nur kurz, sonst fühlt sich der zu Beeindruckende an den Film „Ein Schweinchen namens Babe" erinnert und holt sich gleich ein Schnitzel vom Buffet. Er soll stattdessen lieber auf die Knie gehen, um das Damenutensil vom Boden aufzuheben. Dabei vermag sie in ihrer angeborenen erotischen Raffinesse ein paar Zentimeter näherzurücken, womit er beim Aufrichten seines Oberkörpers die verdutzte Physiognomie unabsichtlich in ihren Schoß presst. Wieder geil. Wieder schuldbewusst. Wieder am Ziel. Posieren muss eben gelernt sein.

6. Du sollst nicht mit dem Auto kommen! In jedem Fall ist es ratsam, auch den Autoschlüssel daheim zu lassen – der könnte ja beim beschriebenen Täschchen-fallen-Lassen des fünften Gebots aus dem Seitenfach gleiten und so dem zu erobernden Prominenten das ganze Desaster offenbaren: Sie ist erstens intelligent genug, um eine Führerscheinprüfung zu bestehen, und zweitens unwillig, mit ihm heimzufahren. Beides wirkt nicht gerade stimulierend. Er ist es schließlich, der den Schlüssel ins Zündschloss stecken möchte, alles andere ist wider die menschliche Natur. Amen.

7. Du sollst nicht glücklich sein! Denken wir an die Tierwelt: Zu wem zieht es die Kinder im Zoo, wenn es ums Streicheln geht? Doch nicht zu den stolzen Giraffen mit ihren nimmersatten, ohnehin schon vollgestopften Hälsen, sondern zu den süßen, kleinen Berberäffchen, weil sie so traurig dreinschauen und nach Zuneigung hungern. Genauso verhält es sich auch in der humanen Gesellschaft. Ein berühmter, vor Selbstvertrauen strotzender Millionär möchte sich nicht täglich selbst sehen, wenn er in das Antlitz seiner Gattin blickt. Das Leben hat ihn selbst genug beschenkt, von diesem Gefühl benötigt der Reiche nicht in doppeltem Ausmaß zuhause. Was er will, ist, die Arme retten. Wirkt also desperat, Mädels, was – zur näheren Erklärung – so etwas wie leicht verzweifelt bedeutet! Kurzum: Seid demütig. Lasst euch in die Arme eures edlen Ritters fallen, denn er, nur er, kann euch ein Dasein voller Sorglosigkeit verschaffen. Bei wichtigen Anlässen solltet ihr diese ehrliche Emotion der tiefen Trauer, die eure Seele befallen hat, zumindest glaubwürdig ausstrahlen. Es muss ja nicht zu hundert Prozent echt sein, zu hundert Prozent gut gespielt reicht schon. Auch hier ein wohlmeinender Tipp: Falls ihr beim Verlassen der Wohnung noch nicht unglücklich genug seid, dann checkt doch schnell das überzogene Gehaltskonto. Betrachtet die Fotos der vielen Verflossenen, die euch flugs verlassen haben, weil ihr die Zehn Gebote partout nicht einhalten wolltet. Oder telefoniert noch mit der besten Freundin, die verschafft euch mit Sicherheit die gewünschte Depression. Also stets daran denken: Männer sind der wahre Grund eures Glücks, nicht ihr! Anderslautende Empfehlungen berufen sich nur auf esoterische Scheinwissenschaften und sind die sektenähnlichen Ursachen eures Untergangs.

8. Du sollst nicht Nein sagen! Wer auf einem rauschenden Fest in einem der angesagtesten In-Lokale Wiens einen unverschämt reichen und berühmten Partner kennenlernen will, darf sich niemals zieren. Vergesst, was euch die Mama gelehrt hat. Steigt mit dem Erstbesten, der euch Süßes anbietet, ins Auto! Ihr seid keinesfalls Marilyn Monroe, und im nächsten Wagen sitzt gewiss nicht der Präsident der Vereinigten Staaten, sondern möglicherweise ein langweiliger Buchhalter mit einem Nettolohn von 1.421 Euro und 44 Cent im Monat. Nehmt, was ihr kriegen könnt! Die Zeiten sind nicht einfacher geworden. Wenn einer, der für eine künftige Familiengründung in einem Wiener Nobelbezirk zur Disposition steht, noch an diesem Abend Sex will, dann verschwendet keine Zeit. „Nein" lautet das Mantra der anständigen Mädchen, die vielleicht in den Himmel kommen, aber niemals in eine Dachwohnung. Promis stehen immer unter Druck. Sie haben überhaupt keine Lust, sich mit komplizierten Diskussionen aufzuhalten, ob die Damen- oder die Herrentoilette für den Oralsex in Frage komme. Die Coronakrise hat diesen Stressfaktor noch erhöht: Die Zeit, die man mit derlei sinnlosen Gesprächen vergeudet, hätte man längst schon mit dem Verkauf einiger Wertpapiere nutzen können. Also, bitte, habt Verständnis und sagt Ja! Aber schnell, sonst schnappt euch noch eine Konkurrentin die wandelnde Wachstumsaktie weg.

9. Du sollst nicht einem Ringfinger vertrauen! Früher war die Welt noch halbwegs in Ordnung: Wer keinen Ring trug, war auch nicht verheiratet. Seit dem Anbeginn der Zeit hat sich aber zweierlei verändert: Erstens verzichten viele Paare schon bei der Trauung auf einen Ehering, weil dieses Symbol der Verbundenheit in einer progressiven Gesellschaft als spießig erachtet wird; und zweitens legen ihn viele interessante Männer gerne ab, bevor sie alleine auf einen für ihren beruflichen Erfolg angeblich so wichtigen Empfang aufbrechen. Die Perfektion von Selbstbräunern (nicht jeder geht damit derart ungeschickt um wie ich) ermöglicht es diesen durchtriebenen Mitgliedern der High Society, den weißen Streifen an besagtem Finger spielerisch wegzuschminken. Das heißt also für unsere lieben Aufreißerinnen, dass aktuelle Recherchen auch noch während der Veranstaltung vonnöten sind: Foto-Handys und mobiles Surfen im Internet erleichtern die diesbezügliche Arbeit. Und wenn einer nicht beim Googeln aufscheint, dann ist er auch nicht wichtig. Übrigens: Versprechungen, sich ehebaldigst scheiden lassen zu wollen, gelten weder auf der Herren- noch auf der Damentoilette als juristisch bindend, schon gar nicht beim Oralverkehr.

10. Du sollst immer Danke sagen! Männer sind im Allgemeinen unverschämt eitel, prominente noch viel mehr. Ganz gleich, wo der erste Sex über die Bühne ging – also auf dem Hintersitz des Rolls Royce oder im Vorzimmer einer Hotelsuite, weil er sich nicht mehr zurückhalten konnte –, ihr müsst stets ehrliche Bewunderung heucheln. Egal, wie es euch gefallen hat: Selbst wenn der Millionär stockbesoffen auf euch eingeschlafen ist, könnt ihr ihn ja sanft mit den lobenden Worten eines befriedigten Engels aufwecken: „Schatz, so gut wie du hat noch keiner geschnarcht." Hauptsache ist für ihn, Nummer eins zu sein, die Disziplin völlige Nebensache! Lustvolle Schwärmereien wie „Danke für diese unvergessliche Nacht, Liebster" mögen zwar verlogen klingen, sind aber nur laut den veralteten Moralvorstellungen der römisch-katholischen Kirche und deren Zehn Gebote eine Sünde. Die einzig wahre Hölle ist ein irdisches Dasein ohne unverschämt reichen und berühmten Mann. Also lügt, dass sich die Balken biegen!

Wahr ist indes: Die religiösen Zehn Gebote gelten Milliarden Menschen als bewährter spiritueller, aber auch ethischer

Wegweiser Richtung Paradies. Sie wurden laut kirchlicher Überlieferung dem Propheten Moses von seinem obersten Boss höchstpersönlich auf dem Berg Sinai diktiert. Die Einhaltung meiner eher fleischlich orientierten Regeln führt allerdings nur dann schnurstracks in ein Himmelbett, wenn man zuvor auch zu einem irdischen Fest der Reichen und Schönen eingeladen wird.

Das heißt im Klartext: Eine Vorstadtschönheit kann zwar in einer an der Peripherie gelegenen 50-Quadratmeter-Mietwohnung mit komplizierten Mundmeditationen stundenlang vor einem winzigen Spiegel üben, wie sie bei einer angesagten Megaparty möglichst attraktiv schmollt, aber das innere Zentrum liegt eindeutig woanders. Schon Buddha, ein anerkannter Kollege des lieben Gottes, meinte daher: „Es gibt nur zwei Fehler, die man auf dem Weg zur Wahrheit machen kann: nicht den ganzen Weg zu gehen und nicht anzufangen." Das bedeutet also in eure Sprache übersetzt, Mädels: Ihr müsst raus aus euren eigenen vier Wänden! Und, mit welchen Tricks auch immer, hin zu den Zielobjekten, nur dort könnt ihr meine Zehn Gebote auch anwenden. Der Filmtitel „Wie angelt man sich einen Millionär?" basiert auf dem Hollywood-Irrglauben, solche Fische schwämmen in jedem Teich, auch in den Außenbezirken oder in entlegenen Provinzen. Der Realität entsprechend müsste es eher heißen: „Wie komme ich überhaupt an den filetierten Karpfen heran?" Den findet man nur in elitären Gegenden.

Die frohe Kunde lautet: Die Globalisierung der Menschheit hat den zarten Geschöpfen unserer Gattung den Kampf um die lebenswichtige Paarung mit einem wohlhabenden, maskulinen Wesen deutlich erleichtert. Im verstaubten vorigen Jahrtausend mussten sie noch überaus hart arbeiten, um zumindest Models zu werden. Die Schauspielerinnen Marilyn Monroe, Lauren Bacall und Betty Grable mimten in dem weltbekannten US-Streifen, der in den 50er-Jahren gedreht wurde, offenherzige Angehörige dieser allgemein unterschätzten Berufsgruppe. Als solche mieteten sie sich mit ihrem letzten Geld ein Appartement am New Yorker Central Park, um dort ihre Leinen nach einem pekuniär bestens ausgestatteten „Piscis" auszuwerfen. Wobei der Verdacht naheliegt, dass Pola, Tschicki und Tütü – so politisch unkorrekt infantil hießen die drei in dem cineastischen Leinwandleitfaden – mit der lateinischen Bezeichnung des Fisches nicht unbedingt vertraut waren.

Um einen äußeren Schein aufzubauen, bedarf es heutzutage aber keines unsozialen Maklers, der einem eine sündteure Wohnung vermittelt; dafür reichen zum Glück schon die sozialen Medien: Meine Cousine Gusti postet zum Beispiel in regelmäßigen Abständen beeindruckende Fotos von romantischen Sonnenuntergängen auf den schönsten Stränden der Welt und versieht sie mit überaus poetischen Kommentaren wie: „Hier verweile ich gerade mit meinem geliebten Ehemann." In der traurigen Realität trinkt sie aber zum selben Zeitpunkt, also um 11 Uhr vormittags, in ihrem heruntergekommenen Stammlokal in einer wenig berauschenden Gegend unserer Metropole mit der ungepflegten Wirtin einen säuerlichen Weißwein und schimpft auf ihren Gatten, diesen „jämmerlichen Nichtsnutz". Als ich sie dort einmal zufällig traf, meinte sie völlig unbeirrt: „Und? Bist du uns diesen tollen Urlaub neidig?"

Im Grunde geht es also nur darum, konsequent bei seiner Geschichte zu bleiben. Ganz gleich, was passiert.

Jüngere Exemplare ihres Geschlechts wiederum nützen Facebook nicht dazu, bei den „daheimgebliebenen" Nutzern Frust auszulösen, was das eigene, matte Selbstwertgefühl ein wenig aufpoliert, sondern um sich auf dem Markt zu positionieren: Der Photoshop ist das Mittel dazu, der Zweck heiligt ihn. Schließlich geht es ja um die Zehn Gebote. Und wie, bitte sehr, soll man die einhalten, wenn man keinen Schlüssel zu den gesegneten Partyräumlichkeiten der High Society bekommt?

Man darf also ruhigen Gewissens Hand an sich legen, um sein biederes Aussehen ein wenig attraktiver zu gestalten. Das ist wahrlich keine Sünde. Auch die Darstellung der christlichen Heiligen in den Kirchen kommt dieser Metamorphose gleich: Oder hat dort irgendjemand Maria mit einem eingefallenen Antlitz und völlig zerzausten Haaren nach vollbrachter Hausarbeit gesehen? Im Gegenteil: Sie wirkt immer in sich ruhend wie nach einem längeren Kuraufenthalt in einer südsteirischen Heißwassertherme. Noch dazu faltenfrei und wohl frisiert. Da fragt man sich zwangsläufig: Hat der kleine Jesus nie in der Nacht geschrien? War Josef immer gleich zur Stelle? Ist er niemals mit seinen Freunden auf eine nächtliche Zechtour gegangen?

Im Kampf um die Aufmerksamkeit beim anderen Geschlecht reicht aber bei Weitem kein sanftes Lächeln mehr wie bei der ewigen Jungfrau – damit schafft man es in modernen Zeiten nicht einmal zu einem allerletzten Abendmahl, geschweige denn zu einer fetzigen Fingerfood-Fete mit gefeierten Blogger-Stars aus halb Europa. Kosmetische Chirurgen sind daher hoch im Kurs, die bewirken wahre Wunder, indem sie es schaffen, dass Männer ihre trüben, gelangweilten Augen plötzlich weit aufreißen. Auf diese Weise werden Blinde wieder sehend.

Hand aufs Herz: Plastische Busenvergrößerungen sind zwar eine praktikable Möglichkeit, die in der Praxis durchaus auf Zustimmung stößt, aber die elektronische Form bereitet wesentlich weniger Schmerzen und ist auch deutlich kostengünstiger. Doch auch in diesem Fall gilt: Bitte nicht übertreiben! Die zu begehrenden Körperteile sollen zwar ins Auge stechen, aber keine Mordwaffe sein. Außerdem rate ich dazu, bei der Veröffentlichung zumindest ein paar Ausschnitte neckisch zu verdecken: Dem potenziellen Kunden soll schließlich nur Gusto gemacht werden – es bringt nichts, wenn er seinen (Sex-) Hunger schon beim Anblick dieser Bilder stillt. Auch der dazu passende Text möge keinesfalls aufdringlich wirken. „Wer will mich?" wäre ein abschreckendes Beispiel dafür. Diese Zeilen sollen ja einen reichen Herrn ansprechen, kein tierfreundliches Herrchen, das auf der Suche nach einem sterilisierten Pudelmädchen ist. Sinnsuchende Wortsalben berühren hingegen die Gefühlswelt des aufmerksamen Lesers. „Die Liebe ist wie ein Pfad, auf dem wir gemeinsam ins Licht schreiten", lenkt nicht zu sehr vom riesigen Busen ab, klingt aber auch nicht wie der Marktschrei einer Prostituierten.

Mit solchen Gesamtkunstwerken kann sogar eine Peripheriepomeranze den eingeschränkten Horizont ihres digitalen Freundeskreises erweitern: Plötzlich trudeln dann nicht nur Freundschaftsanfragen vom Briefträger ohne Fixanstellung, dem Metzgergesellen mit der veganen Grundeinstellung oder dem Bezirksrat der kleinen Bürgerliste ein, sondern auch vom Unternehmer im Maserati. Start-up-Gründer würde ich allerdings ablehnen, denn die haben noch romantische Vorstellungen vom Leben und passen nicht wirklich ins gewünschte Beuteschema. Die Erben alteingesessener Familienkonzerne handeln hingegen nach bodenständigen Traditionen: Ihre gute alte Philosophie ist vom Bewusstsein geprägt, alles kaufen zu können, natürlich auch Frauen. Was will man mehr?

(Achtung! Ein Warnhinweis von Facebook: Unbestätigten Informationen zufolge sind Männer ebenfalls imstande, ihren unheiligen Schein etwas aufzupolieren. Die Geschickten unter ihnen verwandeln sogar einen verrosteten Ford Escort vor der Haustür in einen sündteuren Luxusschlitten, der in der hauseigenen Garage parkt. Das heißt also auch hier wieder: Selbst wenn's schwerfallen sollte, bitte nicht aufs Recherchieren vergessen! Es geht um eure Zukunft.)

Viele Leserinnen, die diesen (herz-)erwärmenden Weg einer Kriegerin beschreiten wollen, werden sich jetzt vielleicht fragen: Photoshop? Habe ich! Posten? Kann ich! Anfragen von Prominenten annehmen? Mache ich gerne! Aber was tun, falls sie wirklich eintreffen, diese heiß begehrten, heiß ersehnten, superexklusiven Einladungen zu den ultraspeziellsten Megaevents der oberen Zehntausend, die ich aufgrund meiner Oberweite geistig vertiefen soll? Die Antwort ist eindeutig: Natürlich niemals Nein sagen, wie schon im achten Gebot von Gott, dem Herrn, höchstpersönlich gelernt. Ganz klar.

Doch die erhoffte Premiere in der feinen Gesellschaft lässt bei euch verständlicherweise auch Ängste hochkommen, bis hin zu gelegentlichen Panikattacken. Die Ursache dafür liegt auf der Hand: Wie soll ich etwa reagieren, wenn die angepeilten Väter meiner künftigen Kinder auf den ersten (realen) Blick merken, dass der gepostete Sonnenunterhang auf Hawaii doch eher ein Regentag im Arbeiterstrandbad ist? Wenn das Gesamtbild der Erscheinung einem anderen Himmelskörper gleicht, nämlich einem sichelförmigen Mond am Horizont, bar jeder Rundung? Wenn dabei allzu offensichtlich wird, dass die Brüste auf den heißen Bildern in den sozialen Medien bloß ein überzeichnetes Hirngespinst der eigenen Verzweiflung sind? Genauso wie die komplette Figur, die man nicht mit einem Stift kaschieren kann! Solche Momente rufen die traurige Tatsache ins Bewusstsein, dass Weichzeichner niemals die ganze Härte des Lebens vergessen machen können.

Dann heißt's nur noch: Augen zu und durch! Wie Cousine Gusti bei ihrer Geschichte mit den Stränden, müsst ihr bei eurem Busen bleiben. Ganz gleich, was passiert! Wenn ich etwas in der Welt der Publizistik, des Marketings und der wirklich feinen Gesellschaft gelernt habe, so ist es die Erkenntnis, dass ausschließlich die Verpackung zählt. Ob im Inneren letztlich ein Rohdiamant versteckt ist oder ein Plastikring aus einem Kaugummiautomaten, interessiert kaum jemanden. Es geht nur ums bunte Geschenkpapier mit den goldglänzenden Maschen. Täuschen, tarnen, tricksen – mit diesem taktischen Triple im Kopf tanzt ihr auf dem Parkett einen patscherten Linkswalzer, bei dem ihr zwar nie im Rhythmus bleibt, von der Jury aber dennoch die Höchstpunkte erhaltet: allgemeine Zustimmung, größte Anerkennung, tiefen Respekt und mit etwas Glück sogar einen Trauschein.

Dieses recht oberflächliche Verhalten findet sich übrigens auch in der Tierwelt wieder: Die Rotseitigen Strumpfband-natter-Männchen, recht stattliche Wesen, imitieren zum Beispiel den Geruch von Weibchen, um leichter in deren unmittelbare Nähe zu gelangen. Die Schlangenfrauen fallen biologischen Untersuchungen zufolge auffällig oft auf diese üble Finte herein, weil sie nicht die Muße haben, genau hinzuschauen. Und ehe sie sich's versehen, sind sie schon sexuell verschlungen. Da wird nicht lange herumgezischt. Ich kann mir sogar gut vorstellen, dass der eiskalte Lover nach dem für ihn überaus erfreulichen Akt konsequenterweise bei seiner Tarnung bleibt und mit ihr quasi als „Frau" weiter parliert: „Nun, meine liebe Freundin, wohin gehen wir am Nachmittag shoppen? Ich habe gehört, der Mäusemarkt soll heute besonders gut bestückt sein."

Die gerade Geschändete beginnt indes an ihrem Verstand zu zweifeln und antwortet verlegen: „Gerne!" Sollte sie Wochen später schwanger werden, ist die Verwunderung zwar groß, aber dann hat sich der Vater schon verkrochen.

Genauso sollte die menschliche Schlange in der feinen Gesellschaft reagieren, wenn sie bei ihrem Täuschungsmanöver ertappt wird: Da ein intensives Parfum im Regelfall nicht genügt, um das Opfer zu benebeln, bleibt nur das selbstbewusste Auftreten. Die universelle Regel lautet: Haltet euch an die Zehn Gebote und dupliziert die Kraft dieser magischen Gesetze auch noch, indem ihr eure Schwächen so überzeugend überspielt, als würden sie gar nicht existieren.

Ich weiß, wovon ich rede: Die meisten österreichischen Herausgeber und Chefredakteure großer Zeitungen glauben noch immer, dass ich das größte mediale Talent von Gottes Gnaden wäre und in meiner über dreißigjährigen Karriere in dieser Branche keinen einzigen Fehler gemacht hätte. Es war nicht leicht, dieses Selbstbildnis von mir zu erzeugen – aber harte Arbeit macht sich eben im wahrsten Sinne des Worts bezahlt: Die Art des Verkaufens seines Schaffens bestimmt nämlich den eigenen Preis. Einmal habe ich sogar einen an sich peinlichen Tippfehler, der mir beim Entwerfen einer knalligen Schlagzeile unterlaufen ist, wortgewaltig und erfolgreich verteidigt: Das für die Qualifikation eines großen Turniers wichtige Fußballländerspiel gegen Deutschland war nämlich nicht, wie von mir in übergroßer Hektik formuliert, mit 5:0 gewonnen, sondern leider 0:5 verloren worden. Ein verständlicher Proteststurm wütender Fans wehte am nächsten Tag durch unsere Redaktion, aber ich blieb ein Fels in der Brandung. „Das war schon richtig so von mir! Denn schlechte Neuigkeiten sind nichts für unsere Leser", wiederholte ich immer wieder, bis ich selbst zum Sportchef ernannt wurde.

Den Schwestern im Geiste empfehle ich in solchen Fällen, wenn sie also bei einem Festakt öffentlich überführt werden, zu einer ähnlichen Handlungsweise. Dafür hat die Natur fast unendlich viele Varianten geschaffen: Ihr könnt zum Beispiel bei euren spärlichen Wortmeldungen im Rahmen solcher Anlässe immer wieder den Namen eines stadtbekannten plastischen Chirurgen einstreuen, eine internationale Koryphäe für Implantate aller Art, mit dem man sogar eine enge Freundschaft pflege und ihn regelmäßig aufsuche. Ein solcher Hinweis genügt schon, um vom eigentlichen Brüstedebakel, das einem 0:5 auf dem grünen Rasen gleichkommt, abzulenken.

Ratsam ist auch, den Wirkstoff einer neu entwickelten Anti-Aging-Creme zu beschreiben, eine medizinische Sensation, die jede Frau direkt und ohne viel Aderlass von einer Luxusdrogerie in der New Yorker 5th Avenue einfliegen lassen könnte. Niemand würde die Fragen stellen: „Warum verwendest du die eigentlich nicht?" Oder am besten, um auf Nummer sicher zu gehen, kurz auf den wollüstigen Lebensstil anspielen, den man nolens volens pflegen würde, weil man halt gegen sein wahres Ich machtlos wäre. Wie schon gesagt: niemals übertreiben, diskret, aber doch verständlich. Etwa mit den Worten: „Ich muss zugeben, einen großen Fehler zu haben: Ich bin einfach unersättlich." Eine solche Aussage weckt beim Gegenüber den Hunger, ganz gleich ob der Futtertrog mit Leckereien gefüllt ist oder mit abgestandenem Katzenfutter.

Der unverschämt reiche und berühmte Mann, der die aufreizenden Facebook-Fotos mental gespeichert hat, darf also niemals auf die wenig glorreiche Idee kommen, diese wieder löschen zu wollen. Für neue hat er ohnehin keinen Platz, dafür reicht die Platte nicht aus. Es geht darum, so lange wie möglich und mit allen Mitteln die Illusion zu wahren, die bittere Realität ist reines Gift für euer Vorhaben.

Das funktioniert tatsächlich: Selbst wenn ihr zum ersten Mal splitternackt mit einem x-beliebigen Busen statt der vermeintlichen XXL-Version vor ihm steht, soll er nur das zuvor veröffentlichte Wunschbild eines Prachtweibs sehen. Und wenn der Sex so gar nicht nach seinen Vorstellungen verläuft, ist das kein echtes Hindernis für eine beginnende Beziehung, die in einer lukrativen Ehe enden könnte. Bedankt euch einfach artig bei ihm, am besten schon währenddessen, und seine Genugtuung wird größer sein als der Körperteil, für den er sich zumindest in dieser Nacht hätte genieren müssen. Honig kann man eben nicht nur ums Maul schmieren.

Natürlich: Dieses enge Korsett, in das man sich für den gewünschten Erfolg beim Publikum zwängen muss, verlangt euch eine geistige Arbeit der Sonderklasse ab. Man muss dabei stets konzentriert bleiben, einem Bühnenstar gleich, der bis zur letzten Szene bloß eine gewisse Figur darstellt, niemals sich selbst. Sonst wäre man ja bloßgestellt. Doch seid beruhigt: Anders als im Theater gibt's in eurem Stück zwar keine Pause zur Erholung und es dauert normalerweise auch etwas länger als zwei, drei Stunden, aber spätestens nach der Hochzeitnacht ist alles vorbei. Der Ring am Finger, um den ihr ihn gewickelt habt, gilt als Symbol der wiedergeborenen Freiheit: Dann ist es überhaupt kein Problem mehr, wenn er eure Orangenhaut ungefiltert erkennen sollte – außer ihr habt einen sattelfesten Ehevertrag unterschrieben: Dann müsst ihr in den sauren Apfel beißen und bis ans Ende eurer Tage lügen.

Empirischen Untersuchen zufolge soll aber auch das möglich sein.

© Privat

CHRISTIAN W. MUCHA

wächst in den beiden Society-Bezirken Wiens, Döbling und Hietzing, auf, wo er (BRG XIII) 1973 maturiert. Nach drei „halben" Studien (Jus, Publizistik und Volkswirtschaft) landet er im Verlagsgeschäft. 1979 übernimmt er die Fachzeitschrift „FM" und leitet bis dato als Herausgeber die Mucha Verlag GmbH und die MG MedienGruppe GmbH. 1984 wird das Kommunikationsmagazin „ExtraDienst" gestartet und bis auf 400 Seiten pro Ausgabe ausgebaut. 1986 bringt er den Restaurantguide „Der Mucha" auf den Markt, der zum Bestseller avanciert. 1995 launcht er das marktführende Reisejournal „FaktuM". Mucha, der sich als Vor- und Nachdenker sieht, lernt von Motivforscher Ernest Dichter in den späten Siebzigerjahren, wie man die eigene Kreativität entdeckt und forciert, und sprüht nur so vor verrückten Ideen. Ob Geruchs- oder Abschleck-Cover oder die erste Zeitschrift mit integriertem 1,5 mm dünnem Flatscreen – seine Gimmicks überraschen immer neu. Ob Shopping-Guide oder Luxusmagazin („Elite") – alles, was der im Löwe-Sternzeichen Geborene startet, wird zum Erfolg. Der sprachgewandte, humorvolle und nie um eine Pointe verlegene Wortakrobat begreift 2008, dass es „eng" für Medien wird. Seither setzt er proaktiv und selbstvermarktend erfolgreich auf Society-Auftritte. Von 23 Gesellschaftsjournalisten wird er 2020 an die 25. Stelle aller österreichischen Prominenten gereiht. Fürs Reich- und Berühmtsein ist Mucha einer der profiliertesten Austro-Experten – und zwar aus eigener Schaffenskraft und erfolgreicher Wahrnehmung.

ROBERT SOMMER

wurde nach seiner Zeit im Gymnasium und seiner Karriere als Mittel- und Langstreckenläufer beim österreichischen Spitzenverein ULC Wildschek, wo er unter anderem den Wiener Landesmeistertitel über 5.000 Meter gewonnen hatte, Redakteur bei der „Kronen Zeitung". Dort bekleidete er zahlreiche Positionen, rief eine Sport-Adabei-Kolumne ins Leben, leitete bis 2016 das Sportressort und wurde von den Lesern und Experten des Branchenmagazins „ExtraDienst" dreimal hintereinander zum österreichischen Sportjournalisten des Jahres gewählt. Immer wieder verfasste Sommer auch literarische Beiträge, etwa für den Berliner „Eulenspiegel" und das von Jörg Mauthe gegründete „Wiener Journal".

Nun hat er sich seinen Traum verwirklicht und ist als Schriftsteller sowie freier Autor für zahlreiche Zeitschriften und Zeitungen wie das „VORmagazin" und das „Wiener Bezirksblatt" tätig. Zu den satirischen Büchern „Im Irrenhaus – Plötzlich daheim" über seine nachjournalistische Ära, „Promille-Doktor", einer sarkastisch-liebevollen Abrechnung mit seiner Heimat, „Doktor-Spiele", bissigen Beschreibungen unserer Ängste vor Arztbesuchen, und „Der Sex*OH!*loge", aberwitzigen Anekdoten über die Erotik, gesellte sich „Goldrichtig" – eine viel beachtete Hommage auf den Segel-Doppelolympiasieger Roman Hagara.

„Wie man unverschämt reich und berühmt wird" ist Sommers sechstes Buch binnen vier Jahren.

Mehr Informationen unter www.robertsommer.at